Paul Kegan

Beiträge zur Geschichte des Niederrheins

Zweiter Band

Paul Kegan

Beiträge zur Geschichte des Niederrheins
Zweiter Band

ISBN/EAN: 9783743690752

Hergestellt in Europa, USA, Kanada, Australien, Japan

Cover: Foto ©ninafisch / pixelio.de

Weitere Bücher finden Sie auf **www.hansebooks.com**

Beiträge
zur Geschichte des Niederrheins.

Jahrbuch

des

Düsseldorfer Geschichtsvereins.

Zweiter Band.

Düsseldorf, 1887.

Druck und Verlag von L. Voß & Cie., Königl. Hofbuchdruckerei.

Inhalt.

Seite

1. Dr. Tönnies, Die alliierten Truppen vor und in Düsseldorf. Mit 1 Abbildung: Ansicht von Düsseldorf während der Belagerung, 7. Juli 1758 und einer Karte: Plan des Bombardements von Düsseldorf im Jahre 1758 . . . . 1—40
2. Ludwig Merländer, Düsseldorfs älteste Zeitung . . . . . 41—47
3. Professor Dr. C. Binz, Wier oder Weyer? Nachträgliches über den ersten Bekämpfer des Hexenwahns in Deutschland . . . 48—58
4. H. Forst, Das Kloster Reichenstein von seiner Gründung bis zu seinem Untergange . . . . 59—67
5. Dr. H. Eschbach, Die St. Sebastianus-Bruderschaft in Ratingen 68—99
6. H. Ferber, Urkundliche Beiträge zur Geschichte des Krankenwesens in der Stadt Düsseldorf . . . . 100—103
7. Dr. Mieck, Ueber scherzhafte Lokal- und Familiennamen in Düsseldorf und Umgegend . . . . 104—110
8. Dr. A. Webell, Erneuerte Geleits-Konzession des Pfalzgrafen Carl Theodor für die jülich und bergische Judenschaft auf fernere, ultimo Juli 1795 endigende 16 Jahre . . . . 111—118
9. Miscellen . . . . 119—132
    Ferber, Kirchenorgel in der Sct. Lamberluskirche . Seite 119
    Dinkler, Bienenzucht, Hopfenbau und Mineralwasser „ 119—127
    J. R., Ein merkwürdiger Abend meines Lebens, oder glückliche Abwendung einer Pulver-Explosion . „ 127—132
10. Dr. Mieck, Zur Düsseldorfer Mundart . . . . 133—139

Die alliierten Truppen vor und in Düsseldorf.

(30. Mai bis 10. August 1758.)

Von
Dr. Tönnies.

Die kurze Episode des siebenjährigen Krieges, welche die folgenden Blätter schildern wollen, ist bereits mehrfach von militärischen Schriftstellern bearbeitet worden. Während mir anfänglich nur die Darstellungen des Prem.-Leut. Ritter und des Obersten v. Schaumburg bekannt waren, verdanke ich der Güte des Herrn Hauptmann Robh nachträglich Einsicht in folgende drei Werke.

a) Geschichte des siebenjährigen Krieges in Vorlesungen von Offizieren des großen Generalstabes. Mit Benutzung authentischer Quellen. Teil 2. Feldzug von 1758. Berlin 1826. Sie behandelt in 2 Vorlesungen die Zeit vom Frühjahr 1758 bis zur Schlacht von Crefeld und erwähnt kurz unter den Folgen der Schlacht auch die Geschichte der Einnahme Düsseldorfs.

b) Geschichte der Feldzüge des Herzogs Ferdinand von Braunschweig-Lüneburg von Christ. Heinr. Phil. Edler v. Westphalen, herausgegeben von v. Westphalen, Staatsminister a. D. Dieses Werk giebt überall die Motive zu den kriegerischen Operationen der alliierten Truppen.

c) Geschichte des Krieges in Hannover, Hessen und Westfalen von 1757—63, politisch-militärisch bearbeitet von E. Renouard, Hauptmann im kurf. hess. Generalstabe. Cassel 1863. Sie verarbeitet die Materialien, welche Westphalen geboten, und erweitert sie durch die Heranziehung französischer Quellen.

Abgesehen von einzelnen Ungenauigkeiten hat das letzte Werk die Belagerung Düsseldorfs beinahe erschöpfend geschildert und motiviert. Auf alle Fälle hat es die Darstellungen weit überholt, welche vom lokalen Standpunkt aus in den zwei folgenden Broschüren geboten waren.

d) Zur Geschichte von Düsseldorf und Kaiserswerth. Eine historische Skizze vom Prem.=Leut. Ritter. Düsseldorf 1855.

e) Historische Wanderung durch Düsseldorf von Oberst v. Schaumburg, welche in der Frage nach der Belagerung der Stadt auf den Schultern der vorigen Arbeit steht und sie in ein oder zwei Punkten berichtigt.

Wenn nun abermals eine Schilderung dieser Zeit versucht wird, geschieht es, weil Verf. hofft, die vorliegenden durch die Ereignisse in der Stadt selbst, sowie durch die Lage der Civilbevölkerung während dieser Wochen erweitern, mithin das Bild allseitiger abrunden zu können. Das Material dazu liefert ihm neben einigen Notizen des Königl. Staatsarchivs und der Ratsprotokolle namentlich:

f) Kurzer Bericht dessen, was sich hier im Hamm wegen des Krieges vom Jahre 1757 biß 1760 merkwürdiges zugetragen, Manupropria=Bericht aus dem Nachlaß des verstorbenen Definitors und Pfarrers Bock zu Hamm. Er trägt das Datum: Cöln, den 29. Sept. 1760, und die Unterschrift: f. Max mpra. Die Absicht des Schreibers ist, einfältig doch aufrichtig den Kindern einer befreundeten Familie vor Augen zu halten, welche Bekümmernis und Sorgen ihre Eltern während der schweren Zeiten gehabt haben, um sie standesgemäß zu erziehen. Indem die Kinder diese erkennen, sollen sie veranlaßt werden, den höchsten Gott fleißiger und andächtiger zu bitten, daß er jene dafür mit der himmlischen Glorie der ewigen Freuden belohne. Der Bericht schildert dementsprechend nur, was das Dorf Hamm und seine Bewohner direkt betrifft, oder was man von dort mit eigenen Augen und Ohren hat sehen und hören können. Es fehlt dem Schreiber selbstredend jedes Verständnis und jede Übersicht über den Zusammenhang der einzelnen Ereignisse.

g) Instrumentum notariale vom 20. Mai 1763. In anno 1758 bey dermaliger vorgewesener Bombardirung von dem Canzelisten Bruns bey hiesiger Hofkanzelei verwahrlosete, binnen bemelte Akten betreffend. Hiermit hatte es folgende Bewandnis. Anfang 1763 trat Hochwasser ein. Während desselben entdeckte man Kisten, die im Keller der Hofkanzelei herumschwammen. Ihr fast vollständig verborbener Inhalt ließ noch erkennen, daß sie mit den wichtigsten Landtagsakten gefüllt gewesen, deren Rettung 1758 dem Registrator Cöller aufgetragen war. Den Vorwurf pflichtwidriger Handlung suchte Cöller dadurch zu entkräftigen, daß er einen notariellen Akt aufnehmen ließ, in dem durch Zeugenaussage erhärtet wurde, was sich am 28. Juni 1758 in Düsseldorf zugetragen hatte. Daraus geht hervor, daß der Registrator die Akten einpacken half, das Wichtigere aber, ihre Fortschaffung, dem von ihm besoldeten Kanzelisten Bruns übertrug, während er sich selbst eiligst rettete und scheinbar in den folgenden Jahren keinen Anlaß fand, sich nach dem Verbleib dieser wichtigen Papiere zu erkundigen.

h) Brief eines unbekannten franz. Offiziers über die Belagerung von Düsseldorf, datiert von Deutz, 10. Heumonds 1758. Der Verfasser rückte mit der Verstärkung am 24. Juni von Neuß über die Hammer Fähre in die Festung ein. Er will die Ereignisse seines vierzehntägigen Aufenthalts auf das genaueste und gewissenhafteste einem Freunde schildern und benutzt dazu die ersten Tage nach seiner Ankunft in Deutz, wo die Erinnerung noch ganz frisch ist. Angefügt ist der Wortlaut der Kapitulation genau in der Form, wie er sich z. B. auch im städtischen Archiv befindet, aber es fehlt dem Briefe die Unterschrift, und die Sprache ist deutsch, während Papier und Styl der Mitte des 18. Jahrh. angehören. Es liegt demnach kein Original, sondern wahrscheinlich eine Übersetzung vor. Nun befinden sich noch jetzt zwei gleichlautende Exemplare in der Sammlung des Herrn Guntrum, wovon das eine aus dem Besitz des verstorbenen Oberbürgermeisters v. Fuchsius stammt. Wie kommt der Brief überhaupt nach Düsseldorf? Dort konnte der Adressat nicht wohnen, denn wozu ihm eine Belagerung schildern, die er selbst miterlebt hätte? Welchem Umstande verdanken die wiederholten Abschriften ihre Entstehung? Der Verfasser ist natürlich entrüstet über die Art, wie die Hannoveraner Düsseldorf behandelt haben, und sein Stolz nicht wenig beleidigt, daß man vor einem an Zahl geringeren Feinde das Feld habe räumen müssen. Indessen weichen seine Angaben bezüglich der Hannoveraner, soweit sie durch andere gleichzeitige Nachrichten zu kontrollieren sind, von der Wahrheit nicht ab. Er hat keine große Hochachtung vor den Pfälzern und dem pfälzischen Kommandanten, desto größere vor der Haltung der Einwohnerschaft. Seine Darstellung beschränkt sich lediglich auf die Thatsachen während der Belagerung, sie befaßt sich nicht mit Untersuchung der Motive. Daher dürfte der Verfasser kein höherer Offizier gewesen sein. Er schiebt die Eroberung der Festung nicht auf den Verrat ihres Gouverneurs, läßt eher durchblicken, daß seine Unfähigkeit die Schuld trage. Eine Verherrlichung oder Rechtfertigung der Franzosen und des Grafen Bergeik tritt nirgends besonders zu Tage wie in der von Renouard II. 625 sq. erwähnten Relation du comte de Bergeik sur la reddition de Dusseldorf. Dürfte daher die Annahme einer tendenziösen Darstellung ausgeschlossen sein, so verdienen die Angaben des Briefschreibers als Quelle für die Zeitereignisse Beachtung und Glaubwürdigkeit. Unaufgeklärt bleibt, welchen Zufälligkeiten es zuzuschreiben ist, daß sein Brief in Düsseldorf bekannt wurde und hier in Abschriften Verbreitung fand.

i) Plan du Bombardement de Dusseldorp, commencé le 28 juin 1758, F. W. de Bawr, gravé sous la direction de J. de Schley à la Haye et publié aux dépens de Pierre Grosse jun. et David Pinet 1766. Derselbe befand sich im Nachlaß des Herrn Notar Strauven, wurde von den Erben zur Vervielfältigung gütigst überlassen und ist diesem Aufsatz beigegeben.

Ebenso genau als der Plan ist, ebenso falsch wird auf dem gleichfalls angefügten Bilde die Belagerung dargestellt. Auch dieses stammt aus dem Nachlaß des Herrn Notar Strauven und hat historisch betrachtet denselben Wert wie die Neu-Ruppiner Schlachtenbilderbogen. Schon die Angabe, daß die Beschießung am 7. Juli stattfand, ist falsch, da an diesem Tage die Übergabe erfolgte. Es scheint, daß dem Bilde der kolorierte „Plan der Stadt und Vestung Düsseldorf, wie solche von denen Hannoveranern vom 28. Juni bis zum 7. Juli 1758 heftig beschossen und dadurch zur Übergabe gezwungen worden ist. Nürnberg in der Raspischen Buchhandlung. Nr. 28" zu Grunde liegt. Dieser befindet sich im Besitz des hiesigen historischen Museums und verzeichnet dieselbe Aufstellung der Batterien wie das Bild. Aber auf dem rechten Ufer haben solche sowie ein Zeltlager deswegen niemals bestanden, weil v. Wangenheim dort überhaupt keine Truppen hatte.

Am 23. Juni 1758 war die Schlacht von Crefeld geschlagen. Am 25. soll sich in Düsseldorf das Gerücht verbreitet haben, daß der linke französische Flügel unter St. Germain geworfen worden sei.[1]) Wenn sich diese etwas unbestimmte Behauptung auf die hohe Generalität und Regierung in der Festung bezieht, so dürfte sie unzweifelhaft falsch sein. Ob Graf Clermont noch am Abend der Schlacht einen Kurier an den pfälzischen Gouverneur, Generalleutnant Graf Isselbach, abgefertigt hat, ist nicht bekannt, wäre nach Lage der Verhältnisse aber zum mindesten deswegen nicht unwahrscheinlich, weil er am folgenden Tage französische Truppen zur Verstärkung der Garnison absendete. Hörte man die Crefelder Kanonade im Dorfe Hamm, eine halbe Meile südlich von Düsseldorf, so muß man sie erst recht in der Hauptstadt und in dem ihr gegenüberliegenden Orte Oberkassel auf der linken Rheinseite vernommen haben. Wenn friedliche Bauern sie auf ein fernes Gewitter deuteten, obgleich der Himmel ganz klar war,[2]) kann sich das geübte Ohr eines erfahrenen Militärs über die Ursache des Donners nicht getäuscht haben. War am Abend des 23. in Hamm bereits das Gerücht verbreitet, daß man eine große Schlacht geschlagen,[2]) so ist nicht anders denkbar, als daß man auch in Düsseldorf und Oberkassel davon sprach. Wem war es wichtiger, den Ausgang des Kampfes zu wissen, als dem Gouverneur und dem Kanzler, und wer verfügte über mehr Mittel, sich Gewißheit zu verschaffen, als sie beide? Eine Patrouille, gegen Abend von Düsseldorf oder Oberkassel ausgesendet, wo pfälzische Truppen in einem Lager gestanden haben sollen, würde sie gebracht haben, indem sie nach kurzem Marsche auf die Flüchtlinge von Crefeld hätte stoßen müssen. Treffen diese Voraussetzungen insgesamt nicht ein, so waren doch am Nachmittage des 24. Franzosen in die Festung eingerückt, deren Offiziere um das Resultat der Schlacht wußten. Folglich konnte eine so wichtige Nachricht den Spitzen der Civil- und Militärbehörden unmöglich verborgen bleiben.

Bezieht sich die obige Angabe auf das Publikum im allgemeinen, so trifft sie noch weniger zu. Am Morgen des 28. Juni begann das Schießen von den Wällen Düsseldorfs auf die batteriebauenden Hannoveraner hinter Oberkassel, deren Arbeit ein franz..scher Offizier vom Schloßturm aus beobachtete. „Ich stieg wieder herunter, schreibt er in seinem Briefe aus Deutz, um dieses in der Stadt kund zu machen; allein ich fand keinen einzigen Deutschen, welcher mir Glauben beimessen wollte. Wie, sagte einer derselben,

---
[1]) Ritter.
[2]) Kurzer Bericht.

welcher dem Ansehen nach ein großer Geist von der heutigen Mode war, wie ist es möglich, daß Sie sich dergleichen Sachen können beigehen lassen? Es ist Ihnen ja nicht unbekannt, daß die Franzosen die letzte Schlacht bei Crefeld gewonnen haben. Nicht minder ist bekannt, daß Wesel von den Ihrigen noch besetzt ist. Mithin läßt sich vernünftiger Dinge nicht vermuten, daß der Feind weitergehen, wider hiesige Stadt etwas unternehmen und die Festung Wesel hinter sich sollte liegen lassen. Er wollte noch ferner fortfahren; ich wurde aber des Vernunftelns ganz überdrüssig, fiel ihm in die Rede, entgegnete, daß die letzte Schlacht leider durch unser Versehen und Schuld unglücklich ausgeschlagen, daß die Hannoveraner Wesel längstens liegen lassen und vorgerückt wären, daß hier die That wirklich vorhanden und also alle Mutmaßung weichen müßte. Inzwischen wollte dies bei den Deutschen nicht verfangen." Wenn die Einwohner selbst in den oberen Ständen — denn zu ihnen muß man wohl den großen Geist von der heutigen Mode rechnen — in solcher Weise unwissend über den Verlauf der kriegerischen Operationen waren, dann freilich ist es erklärlich, daß man der Anwesenheit eines Parlamentärs am 27. eine friedliche und unverdächtige Erklärung geben konnte, so unglaublich diese auch klingt. Der hannoversche Oberstleutnant v. Waldhausen sollte gekommen sein, Pomeranzen einzukaufen, und einer Schönen einen Brief zu bringen.*) Aus allem folgt, daß die Behörden spätestens am 24. den Ausgang der Schlacht von Crefeld wissen mußten, daß die Bevölkerung dagegen ihn am 28. morgens noch nicht kannte und durch das Bombardement vom linken Ufer her vollständig überrascht wurde.

Damit ist keineswegs behauptet, daß den Einwohnern jeder Gedanke an die Möglichkeit einer bevorstehenden Belagerung gefehlt habe. Seit dem 30. Mai lagerte ein detachiertes feindliches Korps unter Generalmajor von Wangenheim um Kaiserswerth, und dort geschlagene pfälzische Truppen hatten sich hinter die Mauern der Festung zurückgezogen. Der Krieg mit allen seinen Schrecknissen stand seit Wochen drohend vor der Thür, und Gerüchte über die verderblichen Absichten des Feindes liefen nicht bloß seit Monaten um, das flache Land konnte auch bezeugen, wie dieselben sich bestätigt hatten. Als der Feldzug im März nach dem Rückzug der Franzosen über den Rhein zum Stillstand gekommen war, verlangte

*) Brief des franz. Offiziers.

Friedrich II. vom Herzog Ferdinand von Braunschweig einen Einfall in Berg und Köln, um 200 000 Thaler Kontributionen einzutreiben und Rekruten für den König aufzuheben. Die Ausführung war dem Prinzen von Holstein mit dem preußischen Hülfskorps bei der alliierten Armee übertragen. Welchen nachhaltigen Eindruck die bergischen Unterthanen hierbei von den schwarzen Husaren empfingen, zieht sich durch den ganzen Kurtzen Bericht und zeigt zum Überfluß ein ungemein langes Elaborat der Hofkammer vom 10. Dezember 1761 an den Kurfürsten über nachfolgenden lächerlichen Vorfall. Ein gewisser Henrich Kuhl war zu 1 Goldgulden oder 8 Tagen bei Wasser und Brot hinter den Gerichtsboten zu sitzen verurteilt, hatte letzteres eligiert und die hochbedenkliche Drohung dabei gethan, daß er unter den schwarzen Husaren Dienste nehmen und sehen wollte, wie es alsdann denen erginge, die ihn hätten setzen lassen. Dafür war er anhero ad ordinarios Carceres gebracht und ihm der Prozeß gemacht worden.

Deshalb erinnerte auch der Hofkammerrat, Geheimrats- und Hoheitsregistrator Cöller am 2. Juni seine vorgesetzte Behörde daran, daß man im Fall eines zu befahrenden Bombardements die vortrefflichsten Briefschaften in Sicherheit bringen müsse.[4]) Diese war indessen nicht so ängstlich als ihr Bureaupersonal. Erst am 19., als Wangenheim von Kaiserswerth aus seinen Übergang über den Rhein zum Herzog Ferdinand bewerkstelligte, bekam Cöller den allgemeinen Bescheid, daß er für die Sicherheit der Landtagsakten auf alle Fälle zu sorgen habe. Nicht früher als am Vormittage des 28. beriet der Geheimrat unter dem Donner der Kanonen die thatsächlichen Maßregeln für die Sicherheit der Archive. Kaum war die Sitzung beendet, als die ersten Bomben der Hannoveraner in die Stadt fielen. Die Ausführung der Beschlüsse unterblieb oder wurde den untersten Beamtenklassen übertragen. Die Herren Räte brachten vor allem sich in Sicherheit, denn abends war Cöller mit mehreren derselben in Benrath glücklich außer Schußweite.

War Düsseldorf in verteidigungsfähigem Zustande? Übereinstimmend wird berichtet, daß seine Magazine überreich gefüllt, seine Garnison äußerst stark war. Selbst die Klöster mußten ihre Einquartierung nehmen, und die Franziskaner hatten beispielsweise 800 Mann zu beherbergen. Für die absolute Höhe der Besatzung

---
[4]) Instrumentum notariale.

beweist dies indessen nichts. Die schwere Last der Einquartierung jetzt und in den folgenden Kriegsjahren hatte ihren Grund vornehmlich in dem Umstande, daß die für große Truppenmassen berechneten Kasernen in der Extension zur Aufnahme von Soldaten nicht eingerichtet waren und wurden. Noch am 5. April 1760 beschloß der Magistrat einen Bericht an die Regierung, sie möchte doch die Kasernen instand setzen, damit der Bürgerschaft die Einquartierung erleichtert werden könnte. Am 21. und 22. Oktober desselben Jahres kollektierte der Altrat Beuth in der Stadt „für Bettung und sonsten" der Blessierten 45 Reichsthaler 10 Stüber; so groß war die Not und so gering waren die Mittel, selbst diesen die erforderliche Pflege angedeihen zu lassen. Rücksichtlich der Gesamtziffer der Garnison gehen die Angaben weit auseinander. Der preußische Generalstabsoffizier berechnet sie auf 6000 Mann, Ritter auf mehr als 8000, Renouard auf 10 000, der französische Offizier in seinem Brief auf 10—11 000 Mann, so daß in runder Summe 9—10 000 Mann Besatzungstruppen, von denen die Pfälzer unter Graf Isselbach, die Franzosen unter Graf Vergeik standen, der Wahrheit am nächsten zu kommen scheinen. Gleich geringe Übereinstimmung herrscht über die Frage nach der Zusammensetzung dieser Garnison. Renouard nimmt 3000 Franzosen, auf 6 Bataillone verteilt, sowie 8 Bataillone Pfälzer an. In der letzten Angabe stimmt er mit dem preußischen Generalstabsoffizier überein, welcher aber nur 4 Bataillone Franzosen kennt. Herzog Ferdinand berichtete am 11. April dem Könige, daß Düsseldorf von 12 Bataillonen besetzt sei, während Wangenheim nach seiner eigenhändigen Relation nur 5 pfälzische und 3 französische Bataillone hat abziehen lassen. Der Kurtze Bericht erzählt, daß die Hammer Bauern auf St. Johannis-Tag von morgens 7 bis mittags 12½ Uhr in aller Eile 4 Bataillone Franzosen über den Rhein hätten holen müssen und, um den Widerspruch voll zu machen, schreibt der französische Offizier, daß sein Regiment mit noch zwei andern am 24. Juni in Düsseldorf eingerückt wäre. Soviel ist aber sicher, daß alle Truppen, welche am Abend dieses Tages sich in der Festung befanden, bei Abschluß der Kapitulation noch dort waren.

Wollte man nun ergründen, welcher Berichterstatter die Höhe und die Zusammensetzung der Garnison am richtigsten angegeben, müßte man die Soll- und Effektivstärke französischer und pfälzischer Bataillone kennen. In beiden Beziehungen geben die vorhandenen

Quellen keine zuverlässige Auskunft. Rechnet man zusammen, welche französischen Truppen 1757 in Kempen⁵) einquartiert gewesen sind, so hatte damals ein Bataillon im Durchschnitt 663 Mann und 38 Offiziere. Zu demselben Resultat gelangt der preußische Generalstabsoffizier, nach dessen Aufstellung 657 Mann⁶) herauskämen. Wenn Renouard 6 Bataillone nur auf 2000 Mann beziffert, so hat er vermutlich die Rechnung des Herzogs Ferdinand zu Grunde gelegt, welcher ein Drittel der Sollstärke für die effektive in Abzug brachte.

Noch dürftiger und unsicherer sind die Angaben über das pfälzische Militär, dessen Akten nicht mehr im Düsseldorfer Staatsarchiv aufbewahrt werden. Bei den Franzosen sollen sich davon 10 Bataillone mit 7000 Mann⁷) befunden haben. Ende Juni 1757 trafen zu Schiff 2 Regimenter Pfälzer in Hamm ein und blieben dort 8 Tage einquartiert. Ihre Stärke betrug nach dem Kurtzen Bericht 2500 Mann. Wenn das Regiment 2 Bataillone besaß, ergäbe sich annähernd ein Resultat, wie es der Generalstabsoffizier herausrechnet. Ganz anders lautet ein Bericht

---

⁵) Nach der Kempener Chronik sind 1757 in der Stadt Kempen nacheinander einquartiert worden:

2	Bataillone	Vauban	mit	1280 Mann	und	70	Offizieren.
2	„	Condé	„	1280	„	„	70 „
2	„	la Couronne	„	1460	„	„	74 „
1	„	de la Foix	„	750	„	„	34 „
4	„	la France	„	2728	„	„	176 „
1	„	la Couronne	„	525	„	„	38 „
3	„	Navarra	„	1920	„	„	105 „

15 Bataillone mit 9943 Mann und 567 Offizieren.
1 Bataillon mit 663 Mann und 38 Offizieren = 701 Mann.

⁶) Die Geschichte des siebenjährigen Krieges in Vorlesungen stellt folgende Berechnung über die Stärke der mobilen französischen Armee an:

Linienregimenter	101	Bataillone mit	69185 Mann;	1 Bataillon	=	685 Mann.
Grenadiere	14	„	„ 7896 „	1 „	=	564 „
Schweizerregiment.	18	„	„ 12960 „	1 „	=	720 „
Miliz	8	„	„ 5760 „	1 „	=	720 „

4 Bataillone = 2689 Mann.

1 Bataillon = 672 Mann.

Läßt man die Milizen weg, welche in der Kempener Chronik auch nicht mitgezählt sind, so hatten 3 Bataillone im Durchschnitt 1969 Mann, das Bataillon 657 Mann.

⁷) Geschichte des siebenjährigen Krieges in Vorlesungen.

der Hofkammer vom 12. Januar 1765. Nach dem Frieden sei in Jülich ein Standquartier für ein Bataillon des Regiments Baaden eingerichtet, seit Juni 1764 dasselbe „beinahe um ein halbes Bataillon vermindert worden, so daß nur ein Detachement von 240 Köpfen übriggeblieben." Hiernach müßten 240 Mann mehr als ein halbes Bataillon betragen, wobei zu berücksichtigen vielleicht, daß man sich damals im Frieden befand. Weil man außerdem nur Nachrichten über die eigentlichen Feldtruppen in Düsseldorf hat, dagegen gar keine über die Festungsartillerie, über alle jene Truppengattungen und anderen Leute, welche zum inneren Festungsdienst gehörten, so läßt sich jetzt nicht annähernd genau feststellen, wie sich die Garnison in der bergischen Hauptstadt bezifferte. Wenn man darunter die wirklich im Kampf verwendbaren Mannschaften begreift, so läßt sich vermuten, daß die Höhe der Besatzung sich weit mehr der angegebenen Minimalgrenze von 6000 als dem Maximum von 11 000 näherte.

Diese ließe sich nur erreichen, wenn man die höchste Zahl der Bataillone und ihre Sollstärke zu Grunde legte. Die letztere ist aber wohl unmöglich für die Franzosen in Anschlag zu bringen, eher für die Pfälzer. Renouard rechnet entschieden mit 14 Bataillonen zu hoch, selbst der Generalstabsoffizier dürfte mit 12 über das Ziel hinausschießen. Es beweist für ihn nichts, daß Herzog Ferdinand derselben Ansicht ist. Als er das von Westfalen aus an den König schrieb, hatte kaum 8 Tage früher die Armee Broglios bei Düsseldorf und Köln den Rhein überschritten, und sie zog sich in der Folge weit nach Süden zurück. Wenn auch v. Wangenheim seine Relation erst 8 Jahre später auf Wunsch des Herrn v. Westphalen aufsetzte, dürfte man kaum annehmen, seine Erinnerung hätte ihn dermaßen im Stich gelassen, daß er sich um 4 oder gar 6 Bataillone verzählte. Er hatte als siegreicher General die Kapitulation abgeschlossen, und unter seinen Augen räumte der Feind die eroberte Festung. Sobald man den Worten des französischen Offiziers, sein Regiment und zwei andere wären am 24. Juni über Hamm in die Festung eingerückt, die Bedeutung unterlegt, daß von 3 verschiedenen Regimentern je ein Bataillon nach Düsseldorf beordert worden, so erhält man ohne Schwierigkeit die Zahl der französischen Bataillone, welchen v. Wangenheim freien Abzug gewährte. Gegen den Kurtzen Bericht läßt sich endlich einwenden, daß der Schreiber seine Erinnerungen auch erst nach 2 Jahren zu Papier brachte, und daß er vor allem kein Militär war. Mochte man die Festung noch so voll Soldaten stopfen, sie konnte dem energischen Angriff eines unternehmenden Feindes nur in einem Falle erfolgreichen Widerstand leisten, wenn ihr Kommandant gewillt war, die Bevölkerung samt Habe und Gut zu opfern. Aber die Einwohnerschaft war zu zahlreich, um eine solche Abschlachtung gutwillig über sich ergehen zu lassen, und außerdem lag kurfürstliches Privateigentum sowie die kostbare Bildergallerie innerhalb ihrer Mauern. Diese Thatsachen mußten selbst den rücksichtslosesten Befehlshaber abhalten, es unter allen Umständen auf das Äußerste kommen zu lassen, und es scheint nicht, daß Generalleutnant Graf Isselbach an ernstlichen Widerstand dachte. Über Düsseldorfs Wert als Festung urteilt der Offizier[*]) vom Standpunkt moderner Strategie äußerst ungünstig, aber jener Franzose schlug ihn gleich gering an, obschon aus anderen Motiven. „Einige von uns und besonders ein sehr berühmter Ingenieur wollen dafürhalten, daß Düsseldorf viel stärker und zu vertheibigen bequemer wäre als die Festung Wesel, welche von den unsrigen noch besetzt ist. Mit meinem geringen Verstande kann ich aber nicht ergründen, worin dies bestehen soll, zumal wenn ich erwäge, daß in Düsseldorf nicht nur kein Raum für Reiterei vorhanden, sondern auch kein einziger bequemer Ort anzutreffen ist, wo bei entstehender Feuersbrunst Soldaten sowohl als Einwohner ihre Person, Lebensmittel und sonstigen Kriegsvorrat retten und in Sicherheit bringen mögen." Der Verlauf der Beschießungen von 1758 und 1794, die beiden einzigen Male, in denen die Festung nach System Vauban in unmittelbare Kriegsgefahr geraten ist, bestätigen, daß die Kurfürsten von der Pfalz falsch kalkuliert haben, indem sie, Herren nur eines Ufers, aus Düsseldorf eine Rheinfestung machten. Die 30 000 Rthlr., welche der Festungsbau jährlich kostete, waren schlecht verwertetes Geld, welches nur dem Feinde zu gute kommen konnte. Wenn derselbe Herr des linken Ufers war und sich der Stadt bemächtigte, gewann er mit dieser wenngleich schlechten Festung immerhin einen tüchtigen Brückenkopf und eine Stütze seines Vordringens auf dem rechten Ufer.

Die kurze Belagerung selbst verlief nach übereinstimmenden Berichten höchst gefahrlos für die Menschen, dagegen außerordentlich

---

[*]) cfr. Ritter a. a. O.

verderblich für Habe und Gut. Die geringe Truppenmacht, welche dazu verwendet wurde, hatte sich bei Dorsten unter dem Generalmajor v. Wangenheim gesammelt, als der Herzog sich anschickte, den Rhein nördlich von Wesel zu überschreiten. Sie bestand aus 4 Bat. Infanterie und wenig Kavallerie, zusammen aus 3600 Mann mit 800 Pferden. Sie sollte gegen Düsseldorf demonstrieren, um den Graf Clermont zu täuschen, überall das Gerücht von einem Bombardement der bergischen Hauptstadt verbreiten und begründen.[9] Das letztere konnte um so eher geglaubt werden, als die Luft bereits von solchen Gerüchten erfüllt war.[10] Am 30. Mai erreichte der Vortrab Wangenheims Kaiserswerth, wo ein pfälzisches Regiment und einige französische Pikets unter Beausobre standen. Sie hatten Befehl, sobald der Feind sich mit Macht auf sie warf, den Ort aufzugeben, weil er, obgleich Festung, nicht verteidigungsfähig war. Daher begann die Räumung der Stadt nach wenigen Kanonenschüssen, und Beausobre zog sich auf das linke Ufer, die Pfälzer nach Düsseldorf zurück.[11] In den nächsten 14 Tagen blieben die Alliierten in Kaiserswerth, um zu verhindern, daß die Franzosen vom Lager zu Rheinberg aus einen Vorstoß auf das rechte Ufer unternahmen, zugleich damit beschäftigt, Fahrzeuge zu sammeln, mit denen sie selbst gegebenen Falls sofort auf das linke gelangen konnten. Hielt nämlich Clermont in seiner damaligen Stellung aus, und gelang es dem Herzog, ihn zu schlagen, so sollte v. Wangenheim mit seinen leichten Truppen übersetzen und den weichenden Feind in der Flanke beunruhigen. Nun gingen aber die Franzosen auf Crefeld zurück und verstärkten sich dort. Infolge dessen empfing v. Wangenheim am 14. Juni den Befehl, in Kaiserswerth eine genügende Garnison zu hinterlassen, mit sämtlichen anderen Truppen unverzüglich zum Herzog zu stoßen. Als er vorstellte, daß ihm Kaiserswerth nicht haltbar schien, mußte er dessen Verteidigungswerke demolieren und mit seinem ganzen Korps auf Mörs marschieren. Fälschlich verlegt Renouard den Rheinübergang auf den 15. Juni,[12] denn am folgenden Tage schrieb v. Westphalen an den Herzog: „Die Gründe, welche Wangenheim angiebt,

---

[9] Geschichte des 7jährigen Krieges II. 61 sq. 112. Westphalen II. 982.
[10] Westphalen II. 356. Ferdinand à Frédéric, le 10 mai.
[11] Geschichte des 7jährigen Krieges II. 63—64. Renouard I. 550 sq. Westphalen II. 891, Brief aus dem französischen Hauptquartier Rynberg le 6 juin.
[12] Renouard I. 580.

warum er den Rhein noch nicht überschritten hat, sind sehr gut. Ein Tag früher oder später macht keine große Differenz."[13]) Der Herzog antwortete ihm am 17: „Ich vermute, daß Wangenheim am 19. auf seinem Posten bei Mörs ist."[14]) An demselben Tage hat der General die Ordre erhalten, seinen Übergang sogleich zu bewerkstelligen, sobaß er abends schon bei Mörs sei,[15]) wahrscheinlich aber dem Befehl nicht nachkommen können oder wollen, denn v. Westphalen meldet am 18. an Ferdinand: „Es würde ärgerlich sein, wenn Wangenheim ausbliebe; auf jeden Fall muß man die Ordre wiederholen",[16]) und v. Westphalen trug demnach in sein Tagebuch unter dem 18. Juni ein: „Wangenheim erhielt den Befehl, seine Truppen am 19. bei Mörs zu sammeln, dort 2 bis 3 Stunden zu ruhen und sich am 20. bei Hüls mit dem Herzog von Holstein zu vereinigen."[17]) Hiermit stimmt das Bulletin nicht ganz überein, nach welchem dieser General Demonstrationen gegen Düsseldorf macht und versucht, so viel Fourage als nur möglich aus der Umgegend zusammenzubringen. Es fährt dann fort: „Dies beschäftigte ihn bis zum 19., wo der Herzog ihm befahl, den Rhein bei Essenberg zu überschreiten und ein Lager bei Mörs zu beziehen."[18]) General von Wangenheim hat also seinen Übergang erst am 19. bei Duisburg-Essenberg bewerkstelligt und sobann an der Schlacht bei Crefeld teilgenommen. Auf jeden Fall ist es falsch, daß er 3 Tage nach der Schlacht zum Zweck der Belagerung Düsseldorfs bei Kaiserswerth auf das linke Ufer gegangen,[19]) dagegen kam Scheiter zu dieser Zeit auf das rechte zurück, um die Landverbindung zwischen Düsseldorf und Wesel zu unterbrechen.

Am 24. schob Herzog Ferdinand den General mit 4 Bataillonen Infanterie, 4 Eskadrons Bock-Dragonern, den Lucknerschen Husaren, den Bülowschen berittenen Jägern und dem Scheiterschen Freikorps auf der Straße nach Neuß bis Osterath[20]) vor.

---

[13]) Westphalen III. 87.
[14]) ibid. III. 89.
[15]) ibid. II. 413. Rélation de la Bat. de Crévoldt.
[16]) ibid. III. 90.
[17]) Westphalen II. 571. Tagebuch, le 18 juin.
[18]) ibid. II. 384. Bulletin.
[19]) Ritter.
[20]) Westphalen II., 573. Tagebuch, le 24 juin und II. 426 Wangenheims Relation.

48 Stunden danach war man in Neuß,[21]) welches der Vortrab am 25. besetzt hatte. Hier erhielt v. Wangenheim den folgenden eigenhändigen Befehl des Herzogs,[22]) von Crefeld den 26. Juni datiert: „Der Herr Generalmajor wird hiermit beordert, die Stadt Düsseldorf morgen früh, unter Bedrohung, unverzüglich in Brand gesteckt zu werden, zur Übergabe aufzufordern. — Der Herr General muß noch heute ein Emplacement zur Anlegung einer Batterie ausführen, die so nahe als möglich an dem Ufer des Rheins etabliert werden muß; zu welchem Ende noch heute und diese Nacht Faschinen zu hauen und die übrigen Stücke in Bereitschaft zu halten sein werden. — Der General wird suchen, die Batterie in der Nacht vom 27. auf den 28. zustande zu bringen, und sobald solches geschehen, mit der Beschießung der Stadt den Anfang machen lassen, wobei die Kanoniers und Bombardiers sich angelegen sein lassen müssen, durch Feuerkugeln und Bomben die Stadt in Brand zu bringen, und solchen durch beständiges Schießen zu unterhalten, damit die Stadt zum Löschen kein Mittel finde, mithin, um sich zu retten, gezwungen werden möge zu kapitulieren. — Der General hat zu diesem Zweck 6 Stück 18pfündige Kanonen nebst 3 Mortiers zu seiner Disposition. Auch ist der Ingenieurkapitän Heybe und der Ingenieurfähnrich Hecht beordert, sich bei dem General einzufinden. — Es wird gut sein, wenn Scheiter mit seinem Corps den Rhein repassiert. Er muß suchen, unterhalb Düsseldorfs, je eher je lieber und womöglich noch diese bevorstehende Nacht, zwischen diesem Ort und Kaiserswerth überzugehen, und bemüht sein, letzteren Ort zu surprenieren und die Garnison zu Gefangenen zu machen. Nach dem hat er soviel Schiffe, als er beisammen zu bringen vermag, Kaiserswerth vorbei gegen Düsseldorf den Rhein heraufzubringen. — Der Herr von Wangenheim macht darauf Anstalten, als wenn er eine Brücke schlagen lassen wollte. Scheiter sprengt überdem allerwärts aus, daß ein Corps d'armée auf jener Seite des Rheins gegen Düsseldorf in vollem Anmarsch sei. Der Herr General müssen selbigen deswegen instruieren." Diesem Befehl entsprechend, ließ Wangenheim ein Bataillon, 2 Eskadrons Dragoner sowie die reitenden Jäger gegenüber der Hammer Fähre[28]) bei

---

[21]) ibid. II. 102. Brief Westphalens an Hänichen vom 28. Juni und II. 426.
[22]) ibid. III. 91 und 92.
[23]) Heute sind die damals noch getrennten Ortschaften Hamm und Auf den Steinen zu dem einen Dorfe Hamm zusammen gewachsen. Der Name der eigentlichen Fährstelle, wie ihn die beiliegende Karte noch verzeichnet, ist längst verschwunden.

Neuß, entsendete Scheiter nach Kaiserswerth[24]) und bezog mit dem Rest seiner Truppen ein Lager beim Dorfe Heerdt, wo er sein Hauptquartier aufschlug.[25]) Das Projekt, durch eine kurze Belagerung sich der bergischen Hauptstadt zu bemächtigen, scheint mehr oder weniger vom General v. Wangenheim ausgegangen zu sein, als er noch bei Kaiserswerth stand. Während Herzog Ferdinand immer nur Befehl gab, Gerüchte von einem ernstlichen Angriff auszustreuen, muß Wangenheim den Rat erteilt haben, zur That zu schreiten, nachdem er die Stärke und Schwäche der vor ihm liegenden Festung rekognosciert hatte. Vielleicht hängt hiermit die Verzögerung seines Rheinübergangs zusammen. An demselben Tage, an dem v. Westphalen schrieb, daß die Gründe des Generals für längeres Bleiben gut wären, äußerte er sich gegen den Herzog: „Ich glaube, daß Herr von Wangenheim sich zu sehr schmeichelt, indem er glaubt, daß die Einnahme Düsseldorfs so leicht sei."[26])

Wenn man die Stadt bei ernstlichem Widerstande mit Aussicht auf Erfolg belagern wollte, mußte man sie wenigstens auf drei Seiten isolieren. Im Westen geschah die Absperrung durch das Angriffskorps, im Osten war alles offen, nur das imaginäre, heranrückende Armeekorps ins Treffen geführt, nach Süden und Norden die Verbindung auf dem Fluß und zu Lande nicht ganz unterbrochen. Am ernstlichsten faßte man die Verbindung mit Wesel ins Auge. Wie man sie verhindern könnte, wurde zwischen dem Herzog Ferdinand und seinem Geheimsekretär mehrfach verhandelt. Am 16. Juni gab der letztere sein Gutachten dahin, daß der Verkehr zwischen beiden Städten auf zwei Wegen möglich sei. Davon werde die Wasserstraße durch die zwei Batterien abgeschnitten, von denen der Herzog die eine zu Orsoy, die andere oberhalb zwischen dem Rhein und Mörs postiert habe[27]). Es bliebe mithin nur der Landweg, den

---

[24]) Wangenheim hatte Befehl, ihn unterhalb Düsseldorfs über den Rhein gehen zu lassen. Dagegen behauptet der preußische Generalstabsoffizier, Scheiter habe oberhalb auf einer angelegten Brücke zwischen Neuß und Bilk (Villich) den Fluß überschritten, die Festung rechtsrheinisch berannt. Es scheint fast, daß der Vortragende den pag. 4 erwähnten Plan oder das Bild gekannt und danach geschildert hat. Der Plan du Bombardement weiß hiervon nichts, und Wangenheim entsendet nach seiner Relation das Scheitersche Freikorps nach Kaiserswerth.

[25]) Westphalen II. 426. Relation Wangenheims.
[26]) Westphalen III. 87. W. à Ferdinand, le 16 juin 1758.
[27]) Westphalen III. 87. W. à Ferdinand, le 16 juin 1758.

Scheiter vermutlich zu Kaiserswerth ungangbar machte. Wenn es nun in der Ordre vom 26. Juni heißt, daß Scheiter sich der dortigen Besatzung bemächtigen sollte, müßte die Stadt nach dem Abzuge Wangenheims abermals eine Garnison erhalten haben. Sie konnte nach Lage der Dinge nur von Düsseldorf gekommen sein, und deswegen ist die Vermutung berechtigt, daß Kaiserswerth überhaupt nicht besetzt war oder nur von einem ganz geringen Detachement. Ob Scheiter ein solches vorgefunden und gefangen genommen, erwähnt niemand.

Von Heerdt aus sandte der Kommandierende des Belagerungs= korps den Oberstlieutnant v. Waldhausen am 27. Juni an Graf Isselbach. Der Parlamentär wurde über den Rhein geholt und mit verbundenen Augen durch die Stadt zum pfälzischen Gouver= neur geführt. Dieser dachte nicht ernstlich an eine Verteidigung, sondern bat sich Bedenkzeit aus und wollte einen Kurier nach Mannheim, um Weisung zu holen, entsenden. Obgleich er ver= sicherte, daß die Antwort günstig lauten würde, verwarf Herzog Ferdinand die Bedingungen, und die Belagerung nahm ihren Anfang.[28]) Hinter dem Rheindamm bei Oberkassel entstanden eine Batterie von 6 Geschützen und ein Kessel von 4 Mörsern,[29]) zwei „armselige" Batterien, wie sie der französische Offizier der Garnison nennt. Diese Geschütze nach Osterath[30]) zu senden hatten gleich= zeitig der Oberst Braun und der Generalmajor v. Hardenberg am 26. Juni Weisung erhalten. Am 28. begann die Kanonade, zunächst von den Wällen, wo man beim Tagesgrauen die Arbeiten der Feinde entdeckt hatte. Sie weckte zwischen 2 und 3 Uhr nachts den französischen Offizier, denn die Geschütze der Festung spielten viel heftiger, als man bis dahin gewohnt gewesen. Ehemals hatte man nur auf die leichten, um Düsseldorf streifenden Truppen gefeuert. Ungeachtet dessen wurden die Batterien der Hannoveraner im Laufe des Vormittags montiert. Um den Mittag[31]) eröffneten sie ihrer=

---

[28]) Westphalen II, 426. Relation Wangenheims und ibid. 402.

[29]) Diese Zahl geben Wangenheims Relation, der Brief aus Deutz sowie die Karte an. Hardenberg hatte nachträglich Befehl erhalten, seine 2 Mörser zur Belagerung von Düsseldorf zu entsenden. Westphalen II, 574.

[30]) Westphalen II, 573.

[31]) Kurzer Bericht 2c.: fingen um 11 Uhren an, aus der in Krings= buschgen zu Oberkassel von ihnen schon gemachter Batterie Düsseldorf mit Canons und Bommen sehr zu beschießen, welches beständig ohne Unterlaß dauerte beider= seits bis abends 10 Uhren, und des Nachts um halber 2 wieder eben stark

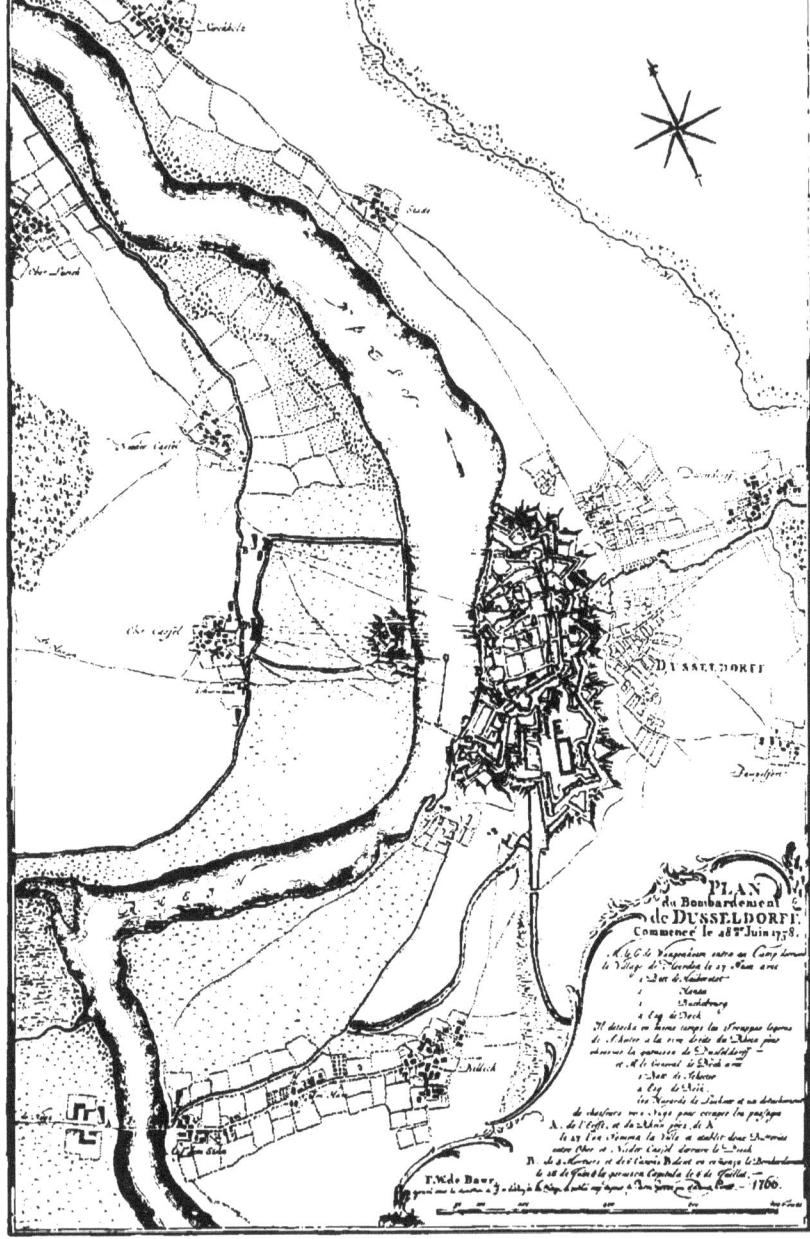

seits das Bombardement auf die Festung, deren 30 sehr schwere Kanonen sich den hannoverschen leichteren Geschützen bald überlegen zeigten. Sie töteten die Bedienungsmannschaften und viele zum Batteriebau zwangsweise zusammengetriebene Bauern; Pulverkarren flogen in die Luft, und manches Stück wurde unbrauchbar.[32]) Ein gleichzeitiger Ausfall hätte Wangenheim in schwere Bedrängnis gebracht, waren doch in der Festung viel mehr Truppen, als zu seiner Verfügung standen. Gedacht hat man hier daran, dem Feinde auf den Leib zu gehen, aber die Ausführung ist unterblieben. Erstens war keine Schiffbrücke vorhanden, und zweitens konnte man sich nicht einigen, ob Franzosen oder Pfälzer die Mannschaften zum Ausfall stellen sollten.[33]) Um 9 oder 10 Uhr abends, d. h. nach Eintritt völliger Dunkelheit, schwieg die Kanonade, denn die Werke der Hannoveraner waren dermaßen zusammengeschossen, daß sie unhaltbar geworden. Als das Feuern gegen 2 Uhr morgens wieder anfing, hatten die Belagerer weiter rückwärts Stellung genommen. Ihre Kugeln erreichten deswegen nur in den wenigsten Fällen ihr Ziel, sondern schlugen meistens in den Rhein. Um den Mittag endigte das Schießen, und es ist recht wohl möglich, daß Mangel an Munition hierzu zwang. Diejenigen Bomben, welche bis in die Stadt gebracht wurden, waren anstatt mit Pulver mit Sand angefüllt. Ist diese Darstellung des französischen Augenzeugen richtig — und die Verhandlungen im Hauptquartier bestätigen, daß es den Alliierten an Geschütz und Munition fehlte — dann muß es als ein äußerst kecker Versuch angesehen werden, wenn General v. Wangenheim am Nachmittage den Kommandanten abermals zur

---

anfingen, die Stadt zu bombardiren, bis des Morgens um 9 Uhren. — Die Angaben des Franzosen weichen um einige Stunden ab: Der Feind hob die Belagerung mittags zwischen 2 und 3 Uhr an und fuhr ungefähr bis abends 9 Uhr fort; am folgenden Tage fing der Feind morgens zwischen 2 und 3 Uhr von neuem an zu schießen; um den Mittag hörte das wilde Feuer auf. — Das Instrumentum notariale läßt durch Zeugen eine mittlere Zeit für den Anfang des Bombardements konstatieren. Danach begann es um 12½ Uhr „gleich nach besagter Session" des Geheimrats.

[**]) Wangenheim weiß nur, daß er einen Artilleriekrecht verloren hat (ohngefähre Relation, Hannover d. 27. Juli 1766, an v. Westphalen ibid II. 426/27), doch dürfte der Bericht des Franzosen mehr Glaubwürdigkeit verdienen. Wangenheim selbst giebt an, daß 30 sehr schwere Geschütze sowie einige Mörser ihn beschossen hätten. Es wäre doch mehr als merkwürdig, wenn diese den ganzen Tag nur den einen offiziellen Artilleristen getroffen hätten.

[***]) Brief des franz. Offiziers.

Übergabe aufforderte.³⁴) Zu seinem Glück fand er Graf Isselbach auch jetzt noch geneigt, in Unterhandlung wegen Kapitulation zu treten. Ein Waffenstillstand wurde begehrt und jetzt gewährt, während dessen der Gouverneur Weisungen seines Landesherrn einholen konnte. Der pfälzische Major von Quenbel ging dieserhalb als Kurier nach Mannheim ab, und der Ernst der Belagerung hatte nach kaum 24 Stunden sein Ende gefunden. Graf Bergeik ist entweder zu den Verhandlungen nicht zugezogen, oder er hat sich vorläufig schweigend in die Absendung eines Boten an den Kurfürsten in der Hoffnung gefügt, daß Karl Theodor die Erlaubnis zur Räumung nicht geben werde. Sein Zorn trat erst nachträglich offen hervor.

Trotz seiner Kürze hatte das Bombardement Schrecken und Schaden genug angerichtet. Da am Morgen des 28. Juni noch Kanonen auf die Wälle³⁵) gebracht wurden, so war die Festung wenigstens nach der Rheinseite nicht völlig armiert gewesen. Der Gouverneur begnügte sich damit, das feindliche Feuer zu erwidern, und ließ im übrigen seine Soldaten im Verein mit den Einwohnern löschen. Es brannte an allen Ecken, denn 180 Gebäude wurden mehr oder weniger beschädigt, weil Wangenheim seine Kanonen laut seiner Ordre auf die Stadt selbst richtete. „Es ist leicht zu erraten, welche Verheerung eine solche Belagerungsart in einer Stadt anrichten mußte, welche eng bebaut war. Schon die erste Kugel schlug in ein Haus ein, die folgenden zerschmetterten einen Turm, regneten auf das Schloß, legten eine ganze Reihe der am Rhein gelegenen Häuser nieder und stifteten bald hier, bald dort Brand. Die lobenswerte Umsicht der Soldaten und Einwohner verhinderte indessen, daß er um sich griff."³⁶) Mit rauher Hand hatte das Geschick die friedliche Bevölkerung mitten in die Schrecknisse des Krieges versetzt, und wenn Wangenheims Batterien am zweiten Tage keinen oder nur geringen Schaden verursachten, so

---

³⁴) Brief des franz. Offiziers.

³⁵) Der kurze Bericht irrt sich, wenn er den Kommandanten der Festung dreimal von den Hannoveranern zur Übergabe auffordern läßt.

³⁶) Der französische Offizier ist voll Bewunderung über die Haltung der Soldaten und Einwohner: Das Feuer wurde dadurch mit aller Geschwindigkeit in der ersten Glut und Flamme jedesmal erstickt, so daß die Weise und Fertigkeit zu löschen nicht nur mein Vermuten weit überstiegen, sondern mir künftig zum Muster und Beispiel dienen sollen. - Hieraus läßt sich schließen, daß der Schreiber sich in Offiziersstellung befand.

hatte der General doch seinen Zweck vollkommen erreicht. Mit Entsetzen blickte der Bürger auf die Verwüstungen der letzten Stunden, und der Gouverneur war weniger als je geneigt, ohne ausdrücklichen Befehl seines Kurfürsten die Hauptstadt mit ihrem fürstlichen Schloß und ihrer in ganz Europa berühmten Bildergallerie, auf welche die Belagerer gar keine Rücksicht genommen, zusammen schießen zu lassen. Gegenüber dem Schaden an Mobilien und Immobilien war der Verlust an Menschen auffallend gering. Die Garnison und gesamte Einwohnerschaft verlor einen einzigen Mann, den ein Stück einer Bombe zerriß. Der gewaltige Schreck warf nachträglich einige aufs Kranken-, ja sogar aufs Totenlager.³⁷)

Welche Gründe veranlaßten den Gouverneur, in Unterhandlungen zu treten? Direkte Angaben fehlen in allen Quellen außer bei Renouard. Dieser stützt seine Anklagen gegen die Militär- und Civilbehörden auf den Bericht des französischen Befehlshabers, bemerkt aber gleichzeitig, es bleibe dahingestellt, wieweit Graf Bergeik die Wahrheit sage. Er besaß kein besonderes Vertrauen bei seiner eigenen Regierung sowie beim Kriegsminister Belle-Isle, welcher daran dachte, ihm die Kommandantschaft zu nehmen, als Düsseldorf am Tage vorher kapituliert hatte. Es liegt nicht bloß der Verdacht nahe, daß Graf Bergeiks Relation sich einer absichtlichen Schönfärberei zu Gunsten des Schreibers befleißigt, es läßt sich auch gelegentlich beweisen, daß er begründet ist. Beim Beginn des Bombardements fingen danach die Zerwürfnisse zwischen Bergeik und Isselbach an, was indirekt der französische Offizier in den Verhandlungen über die zum Ausfall zu verwendenden Truppen bestätigt. Wenn nun aber die feindselige Stimmung der Generale sich den Mannschaften dermaßen mitgeteilt haben soll, daß es zu Thätlichkeiten zwischen Pfälzern und Franzosen gekommen ist, so weiß der Offizier Bergeiks nichts darüber zu berichten. Es ist undenkbar, wenn er objektiv schildern will, daß er ein so wichtiges Ereignis wie einen offenen Straßenkampf vergessen hätte, in dem 2 Franzosen tot auf dem Platze blieben, mehrere schwer verwundet wurden. Ein solcher Akt offener Insubordination könnte dem Hammer Chronisten nicht unbekannt geblieben sein. Er schildert die Zerstörung und Verschleuderung der Vorräte unmittelbar vor der Übergabe, die Zerstörung durch die Kugeln in der Stadt, die Anstalten zur Rettung, um den Satz zu beweisen: Also gehts im

³⁷) Kurzer Bericht.

Kriege zu! Sollte er ein eklatantes Beweisstück wie obiges vergessen oder als unbrauchbar verworfen haben? Muß also der Straßenkampf aus dem angegebenen Motiv als Übertreibung bezweifelt werden, so bliebe nicht ausgeschlossen, daß aus irgend welchen Gründen Raufereien stattgefunden hätten. Einen großen Respekt vor der Kriegstüchtigkeit der Pfälzer dürften die Franzosen kaum besessen haben und Neckereien, die zu Thätlichkeiten führten, leicht erklärlich sein. Eine große Gährung herrschte ohne Zweifel unter den Truppen, denn bei den Kapitulationsverhandlungen forderte Graf Isselbach, daß die Besatzung zuerst die Festung räumte, bevor die Hannoveraner einrückten, damit Unordnungen vermieden würden. Es bleibt indessen dahin gestellt, ob sie sich gegen die Gewalthaber richtete, ob sie in Feindschaft zwischen den Nationalitäten oder, worin sonst, ihren Grund hatte.

Vergeil berichtet ferner, daß der Gouverneur den Pfälzern verboten habe, auf den Feind zu schießen. Als eine feindliche Abteilung 3—400 Schritte vom Glacis erschien, ohne daß von Isselbach die Erlaubnis zu erlangen war, einen Kanonenschuß abzufeuern, ließ der französische Kommandant 3 Geschütze gegen sie auffahren und vertrieb sie. Wann ist dies gewesen? Der französische Offizier berichtet ausdrücklich, daß man von den Wällen auf die leichten Truppen geschossen habe, und daß ihn in der Nacht des 28. der Donner der Wallkanonen weckte, die viel heftiger spielten, als man bis dahin gewohnt gewesen. Er war seit dem Nachmittage des 24. in der Festung, also muß seit jener Zeit gefeuert worden sein, wenn er von einer Gewohnheit reden konnte. Ob Vergeil länger in der Festung war und von einem Zeitraum spricht, in dem Wangenheim noch bei Kaiserswerth stand? Damals sollte der Hannoversche General zu keinem thatsächlichen Angriff schreiten. Es war wohl schwer, selbst die umliegenden Dörfer (Grafenberg, Mörsenbroich, Derendorf und Golzheim vor den fouragierenden Feinden mit den Kanonen der Festung zu schützen. Solches hätte geschehen können durch Ausfälle, deren nirgends Erwähnung gethan wird. Isselbach scheint seine Truppen seit Anfang des Monats in die Mauern eingeschlossen, das flache Land sich selbst überlassen zu haben. Da es schwerlich außer seiner Garnison noch pfälzische Truppen im Herzogtum Berg gab, sicherlich keine in der nördlichen Gegend, wäre dem Gouverneur hieraus der Vorwurf der Unthätigkeit zu machen, sei es, daß seine Teilnahmlosigkeit gegen das Schicksal der Unterthanen aus Mangel an Energie oder Umsicht, sei es, daß sie aus bösem Willen entsprang. Den letzteren Vorwurf erhebt Graf Vergeik direkt. Er schildert Karl Theodor als einen aufrichtigen Anhänger des französischen Bündnisses. Die Briefe Friedrichs II. an den Herzog bestätigen dies, indem sie die Kurfürsten von der Pfalz und von Köln als die eifrigsten Gegner darstellen, welche man mit einem Einfall in ihr Land, mit Erhebung von Kontributionen und Rekruten strafen müsse. Dem Bündnisse abgeneigt war das pfälzische Ministerium, namentlich der Kriegsminister. Hierauf bauten die Grafen Schaes=berg und Goltstein, wenn sie eine Belagerung mit allen ihnen zu Gebote stehenden Mitteln abwenden wollten, wozu auch ihr persön= licher Einfluß auf den Gouverneur gehörte. Während jene aus Ergebenheit gegen König Friedrich an sofortige Übergabe dachten, war der letztere hierzu geneigt, weil die Festung sich in keinem guten Zustand befand. Von dieser Schilderung Vergeiks ist richtig, daß Düsseldorf als Festung in den Augen der Zeitgenossen und heutigen Militärs geringen Wert besaß. Wir wissen heute nicht, in welcher Beschaffenheit 1758 die Wälle waren; sie dürften indessen kaum so schlecht gewesen sein, daß eine starke Besatzung hinter ihnen Bedenken getragen hätte, einem schwächeren Feinde Widerstand zu leisten, wenn sie denselben ernstlich wünschte. 30 Geschütze und einige Mörser nahmen am 28. den Kampf gegen die 6 Kanonen und 4 Mörser Wangenheims erfolgreich auf. Die Überlegenheit der Zahl und des Kalibers war auf Isselbachs Seite, der Erfolg nicht weniger; und dennoch ist er am 29. noch unter genau denselben Bedingungen zur Uebergabe bereit, die er 48 Stunden früher gestellt. Wenn der Herzog dieselben jetzt annahm, so läßt dieser Umstand nicht schließen, daß die Resultate der Belagerung für ihn günstig waren, daß er hoffen konnte, durch eine unbedingte Kapitu= lation früher in den Besitz der Stadt zu gelangen. Da Graf Isselbach die Lage der Dinge ebenso gut überschauen mußte als der vielleicht subalterne französische Offizier seiner Garnison, so bleibt nur übrig, seiner Handlungsweise Mangel an gutem Willen zu ernster Verteidigung oder völlige militärische Unfähigkeit unter= zuschieben. Diesen letzteren Vorwurf erhebt niemand direkt, aber niemand wagt auch, die besondere Energie oder Geschicklichkeit des Gouverneurs zu rühmen, der sicherlich mehr geschmeidiger Hofmann als schneidiger Soldat war. Er hinterläßt den Eindruck eines

Mannes, welcher nur mit halbem Herzen bei der Sache ist, die ein mißgünstiges Geschick ihn zu verteidigen zwingt, und der nichts sehnlicher wünscht, als möglichst bald und möglichst glimpflich aus der Widerwärtigkeit herauszukommen. Hat sein Handeln den Intentionen seines Kurfürsten auch nur mäßig entsprochen, so ist weder er noch irgend einer der obersten Beamten Jülich-Bergs soweit gegangen, mit dem Feinde Verbindungen anzuknüpfen. Davon enthält der Briefwechsel des Herzogs Ferdinand keine Spur, ja man ist im Hauptquartier der Ansicht, der am 28. erbetene Waffenstillstand könne deswegen nicht bewilligt werden, weil Graf Isselbach die Übergabe der Stadt nicht ernstlich vorhabe.[38]

Die Thatsachen erlauben auch den Schluß, daß der Kanzler Graf Schaesberg mit dem Gouverneur einer Meinung war. Die Bildergallerie, die Archive, die Kassen, die kurfürstlichen Möbel im Schloß wurden nicht geborgen, als noch Zeit dazu war, nicht an das Einpacken der Bilder, der wichtigsten Akten und Dokumente wurde gedacht, ja nicht einmal für Beschaffung der notwendigen Kisten und Fuhrwerke gegebenen Falls Sorge getragen. Man muß an maßgebender Stelle alles dies für überflüssig gehalten haben, fest überzeugt, daß der Feind, wenn er überhaupt zum ernsten Angriff schritt, die Kapitulation unter den zu stellenden Bedingungen annehmen werde. Dies trat wider Erwarten nicht ein, und nun hieß es am Vormittage des 28. retten, was noch zu retten war. Köller läßt konstatieren, wie ihm die Kisten gefehlt hätten, und als endlich unter dem Donner der Kanonen und der einstürzenden, brennenden Häuser das Packen geschehen, die zugewiesenen Wagen nicht erschienen, nicht zu erhalten gewesen wären. Gegen Abend ließ er alles im Stich, um sich zu retten, übertrug die Fortschaffung der Akten seinem Kanzlisten, und dieser schaffte sie in den Keller, weil Fuhrwerk nicht zu haben war. Noch einen Umstand kann man anführen, welcher für Vergeils Anklage spricht. Als die Hannoveraner Düsseldorf geräumt, die Franzosen es wieder besetzt hatten, erhielt die Festung bis zum Präliminarfrieden von Fontainebleau nur einen französischen Kommandanten, wurde den jülich-bergischen Behörden fast alle Initiative von den Bundesgenossen abgenommen. Müssen einige Thatsachen in der Relation als falsch oder übertrieben

---

[38] Westphalen à Haenichen le 28 juin: On ne jugea pas à propos de notre côté de lui accorder le temps qu'il demandoit, ni lui de son côté de rendre la ville.

bezeichnet werden, so hat doch Graf Bergeik aller Wahrscheinlichkeit nach in sofern recht, daß man sich nicht ernstlich zur Wehr setzen wollte.

Konnte Graf Isselbach auf Entsatz hoffen, wenn er sich in Düsseldorf hielt, wie 1702 die Franzosen in Kaiserswerth, und eher die Stadt zu Grunde gehen ließ, als daß er sie dem Feinde übergab? Eine Verbindung mit den Franzosen mußte sich leicht herstellen lassen, da die Festung nicht cerniert war. Graf Clermont hatte sich zwar nach der Schlacht bei Crefeld bis Köln zurückgezogen, bevor des Kriegsministers Weisung ihn erreichte, die Erst zu halten, weil anderenfalls die Bestürzung der Reichsfürsten zu groß werden würde. Hier ordnete Belle-Jsle zur Unterstützung des Oberkommandierenden einen Kriegsrat aus Contades, Mortaigne und Chevert an. Clermont erbat darauf seinen Abschied und übertrug am 4. Juli den Befehl einstweilen an Contades, welcher 4 Tage später zum Nachfolger ernannt war. Damals war Düsseldorf gerade den Hannoveranern in die Hände gefallen. Wenn dieser Wechsel im Oberkommando die Operationen der Armee auch hemmte, ganz hielt er sie nicht auf. Ein Korps überschritt zur großen Beunruhigung des Herzogs Ferdinand den Rhein bei Deutz. Er fürchtete weniger, daß es ihn verhinderte, sich in den Besitz der bergischen Hauptstadt zu setzen, als daß es seine Brücke nördlich Wesel bedrohe. Westphalen tröstete ihn am 1. Juli: „Solange dieses Korps noch nicht über Kaiserswerth hinaus ist, ist seine Absicht nicht gegen General Imhoff gerichtet (welcher die Rückzugslinie der Alliierten auf dem rechten Rheinufer deckte). Ew. Hoheit haben sehr gut daran gethan, Scheiter zu befehlen, fleißig zu patrouillieren." Auch auf dem linken Ufer rührte sich der Feind und machte Wangenheim um seine Sicherheit besorgt. Westphalen begutachtete die Lage am 2. Juli dahin: „Neuß ist hinreichend durch die gegenwärtige Stellung der Armee gedeckt; zwar könnte Wangenheim sich in den Fall versetzt sehen, seine ganze Infanterie nötig zu haben." Was sollte dann aus der Belagerung Düsseldorfs werden? Aber man hat hier ohne Zweifel keine Fühlung mit den Bundesgenossen gewünscht und unterhalten, denn Westphalen notierte am 5. Juli in sein Tagebuch: „Der Feind, beunruhigt über das Schicksal Düsseldorfs, rückte mit Detachements auf allen Seiten vor, um es auszukundschaften."

Trotz der gewonnenen Schlacht und der bevorstehenden Kapitulation war die Lage der Alliierten sehr bedroht. Herzog Ferdinand suchte schnell mit Düsseldorf zu Ende zu kommen, einerseits um eine näher liegende Brücke zu gewinnen, andererseits das Belagerungskorps frei zu machen. Daher genehmigte er nach dem ersten verunglückten Bombardement, abermals mit dem Kommandanten Unterhandlungen zu eröffnen, die Absendung des Kuriers zuzugestehen. Die Worte Westphalens vom 28.: „Die Einnahme wird nach den von Wangenheim erweckten Hoffnungen nicht auf sich warten lassen, und wenn es Ew. Hoheit gelingt, sich zwischen hier und dem 2. Juli zum Herrn der Stadt zu machen, so wird das ein großer Erfolg sein," hatten zunächst wenig Aussicht auf Erfüllung. Der Bote konnte nicht so früh zurückkehren, ja er muß länger ausgeblieben sein, als man annahm. Dadurch werden die Verhandlungen erklärlich, welche vom 3. bis 6. Juli zwischen dem Feldherrn und seinem Geheimsekretair über die Frage geführt werden, was geschehen solle, wenn der Mannheimer Hof in keine Übergabe willige. Der letztere riet: „Erstens muß der Erbprinz von Braunschweig versuchen, sich Jülichs zu bemächtigen, um die Einnahme Düsseldorfs zu erleichtern, man wird dort vielleicht Kanonen, Mörser und Munition finden, zweitens, da die Eroberung Jülichs den Rückzug der Franzosen von Köln beschleunigen wird, muß sich ein Detachement dorthin begeben, von der Stadt ein Dutzend ihrer schwersten Mörser mit Munition zu fordern; dann wird man sich im Stande sehen, Düsseldorf zu bezwingen. Wenn aber Jülich zu stark gehalten wird, überrumpelt zu werden, bleibt nichts anders übrig, als sich in der jetzigen Position bis zur Übergabe Düsseldorfs zu halten, alsdann Wangenheim an sich zu ziehen."

Während die Waffen ruhten, jagte Major v. Quendel nach Mannheim und kehrte am 5. Juli mit der landesherrlichen Genehmigung zum Abschluß einer Kapitulation zurück. Ferdinand meldete darauf sofort dem Könige: „Die Stadt ergiebt sich; ich bewillige der Garnison freien Abzug mit um so geringerer Schwierigkeit, als ich keine Truppen auf dem andern Ufer habe und sie gegen meinen Willen abziehen könnte." Aber die Verhandlungen zogen sich noch in die Länge, so daß der Herzog am 8. klagte: „Ich habe seit gestern nachmittag 5 Uhr nichts mehr von Wangenheim gehört, ich begreife es nicht." Zu jener Zeit war die Kapitulation indessen schon unterzeichnet, welche den Pfälzern und Franzosen freien Abzug mit allen militärischen Ehren, der Bagage und den Kassen einräumte. Der Kurfürst konnte alle Gemälde der Gallerie und die Möbeln des Schlosses frei transportieren lassen. Indem eine Raubbemerkung biesen Artikel „accordirt," fügt sie hinzu, „wobei heilig versichert wird, daß, wenn auch alles in statu quo bliebe, nicht ein Stück angerührt oder veräußert werden wird." Trotzdem nahm man die kostbarsten Bilder ab und brachte sie bis zum definitiven Frieden nach Mannheim. Nachdem die bestehende Regierungsform des Landes und der Stadt, sowie der Fortbestand aller Privilegien garantiert worden, verspricht v. Wangenheim, die Kontributionen nach Erträglichkeit zu regulieren, Stadt und Länder nach beendigten Troublen im dermaligen Stande wieder zu übergeben. Das Zeughaus soll den Siegern ausgeliefert, nichts daraus entnommen werden. Dieselbe Beschränkung forderte Graf Isselbach für die Magazine, die Hannoveraner gestatteten aber nur, daß die abziehenden Truppen sich für die Marschtage verproviantierten, den Rest beanspruchten sie zum Nutzen der alliierten Armee. Während der Kommandant nach §. 10 die Festung am 9. Juli, morgens 8 Uhr, räumen wollte, setzte ihm v. Wangenheim als Termin den 8. mit dem Zusatz, daß jedes Regiment Offiziere zurücklassen möge, dasjenige zu besorgen, was bis dahin nicht in Ordnung gebracht werden konnte. Ebenso schlug er ab, die Stadt erst zu besetzen, nachdem ihre alte Garnison abgezogen. „Es wäre unerhört und gereichte zum Nachteil der alliierten Armee, wenn gegen den Kriegsgebrauch nach Vollziehung der Kapitulation nicht sofort Possession genommen werden sollte. Es soll also noch heute durch ein Detachement Grenadiers ein solches vollzogen werden; wobei ich responbiere, daß ab seiten der unter meinem Kommando stehenden Truppen keine Unordnung angefangen werden soll." Den kurfürstlichen Dienern sagt man Schutz unter der Bedingung zu, daß sie sich mit keiner Korrespondenz melierten, den Bürgern drohte man Entwaffnung an, falls sie sich nicht ruhig verhielten, endlich den Franzosen erlaubte man nur, ihre Regimentsstücke mitzunehmen, während sie ihre übrige Artillerie, Munition und Gerätschaften zurücklassen mußten. Nachdem diese Artikeln nebst „beygedruckt angebohrenem Pettschaft eigenhändig unterschrieben"[20]) waren, hatte

---

[20]) Die Kapitulation liegt in mehrfachen gleichlautenden Abschriften vor mit dem Datum vom 7. Juli, trägt aber niemals die Unterschriften der beiden Kommandierenden. Die Ausfertigung ist stets dieselbe. Auf der linken Hälfte der gebrochenen Bogenseiten stehen die ursprünglichen Forderungen Isselbachs, auf der rechten die Vermerke über Annahme oder Abänderungen der einzelnen Artikel seitens v. Wangenheims.

das Kriegsspiel vor den Mauern Düsseldorfs auch rechtlich sein Ende gefunden. Damit waren indessen alle Schwierigkeiten noch lange nicht beseitigt.

Die Antwort, welche v. Quenbel mitgebracht hatte, war nicht bloß den Einwohnern sondern auch dem französischen Befehlshaber geheim gehalten worden. Da nun alsbald wieder Kuriere abgingen, schöpfte Graf Vergeil die Hoffnung, erwachte bei den Bewohnern die Angst, daß das Bombardement fortgesetzt werden sollte. Wer nicht durch die gebieterische Notwendigkeit zurückgehalten wurde, suchte während der schwülen Ruhe, welche über der belagerten Stadt lag, nach Köln, Aachen, ins Bergische zu fliehen.⁴⁰) So groß die Freude war, mit welcher die Zurückgebliebenen und die Ausgewanderten die Nachricht von dem bevorstehenden Abschluß einer Kapitulation begrüßten, so groß war die Wut, in welche Graf Vergeil darüber geriet. Er lief zum pfälzischen Gouverneur, legte ihm die Verhältnisse der Garnison dar, sprach aufs heftigste gegen eine Kapitulation und protestierte gegen dieselbe in aller Form. Allein sein Bemühen war vergeblich. Das Vertragsinstrument war bereits vollzogen und rechtskräftig geworden, so daß der Graf sich gleich den Pfälzern zum Abzuge anschicken mußte. Obgleich er anfänglich davon gar nichts hören wollte, bewogen ihn endlich Befehl oder andere Gründe, die Übergabe zu respektieren, nicht indessen, ohne seine vorige Protestation zu wiederholen.⁴¹)

Wann ist die Stadt von den ersten Hannoveranern besetzt? Wangenheim sowie der französische Offizier haben vergessen, das Datum anzugeben. Ritter läßt v. Wangenheim am 7. Juli in Düsseldorf erscheinen, das Rheinthor am Abend des folgenden Tages von 150 Alliierten besetzen. Der Kurze Bericht weiß von dem ersteren Ereignis nichts, verlegt dagegen das letztere auf den Nachmittag desselben 8. mit dem Zusatz, daß die Alliierten wohl alle Posten bezogen hätten, aber noch nicht in die Stadt wären hineingelassen worden. Die vom 7. datierte Kapitulation enthält ausdrücklich, daß „noch heute Possession genommen werden soll". Oberst von Schaumburg giebt an, daß die Besitznahme des Rheinthors am 8. Juli früh erfolgte, daß die Stadt am Abend

---

⁴⁰) Kurzer Bericht: Da haben sich auß großer forcht und angst die mehrste Nonnen und noch andere viele Leuth auß der Statt herauß gemacht., an selbigen nachmittag habe ich selbst zu Bild auff dem Burghoff ungefähr 10 oder 11 von den Annuntiaten angetroffen und mit ihnen gesprochen.

⁴¹) Brief des französischen Offiziers aus Deutz.

von 3 hannoverschen Bataillonen besetzt worden, die Franzosen und Pfälzer erst am 9. abgezogen seien. Fälschlich verlegt der Vortrag des Generalstabsoffiziers die Kapitulation auf den 6. Juli. Es wäre allem Kriegsgebrauch zuwider, auf den sich v. Wangenheim beruft, wenn der Kommandierende des Belagerungskorps vor definitivem Abschluß der Kapitulation die belagerte Festung betreten hätte. Es wäre nicht bloß im allgemeinen gewagt, unter obwaltenden Umständen leichtsinnig gewesen, wenn er sich selbst nach Erledigung der Formalitäten ohne Deckung in die Stadt begeben hätte, in welcher die Stimmung der Soldaten in hohem Maße widersetzlich war. Ist also Generalmajor v. Wangenheim am 7. in Düsseldorf gewesen, so hatte man die Kapitulationsverhandlungen auf alle Fälle schon zu Ende geführt. Diese Annahme stimmt am besten mit dem Datum der Urkunde und ihren einzelnen Festsetzungen. Dann muß das Detachement Grenadiere, welches Possession nehmen sollte, thatsächlich dieselbe am gleichen Datum genommen haben, entweder am Nachmittage oder am Abend, je nach der früheren oder späteren Stunde, in der die Unterhandlungen ihr Ende erreichten.

Wären die Beratungen am 7. nicht mehr im Laufe des Tages zum Abschluß gelangt, würden sie am Abend, während der Nacht oder am frühen Morgen dazu gebracht worden sein. Dann konnte v. Wangenheim nicht füglich am 7. die Festung betreten, §. 10 der Kapitulation wäre hinfällig geworden, und die erste Besitzergreifung hätte in der Nacht oder in Übereinstimmung mit Oberst v. Schaumburg im Laufe des Morgens, nicht des Nachmittags erfolgen müssen. Nun ergeben sich aber gegen die Darstellung in der Historischen Wanderung nicht unerhebliche Bedenken. War Düsseldorf schon vorher mit Soldaten überfüllt, wo sollten die Hannoveraner untergebracht werden, nachdem der nördliche Stadtteil um die Lambertuskirche infolge des Bombardements ein Trümmerhaufen geworden. Würde v. Wangenheim sie der Wut einer vielfachen Übermacht von Pfälzern und Franzosen bloßgestellt haben? Wie leicht hätten sich dabei die allerschlimmsten Zufälle ergeben können, welche die errungenen Vorteile sämtlich aufs Spiel setzten. Daß Franzosen, Pfälzer und Hannoveraner in größerer Zahl auch nur eine Nacht zusammen in der Festung lagen, scheint unglaublich, war außerdem nach §. 10 der Kapitulation ganz unnötig und wird von dem Kurzen Bericht direkt widerlegt.

Am einfachsten löst sich der Widerspruch, wenn man bei Ritter und in dem Kurtzen Bericht statt des 8. den 7. Juli setzt. Dann wurde die Festung vertragsmäßig und übereinstimmend mit dem Datum der Urkunde an diesem Tage übergeben; 150 hannoversche Grenadiere besetzten das Rheinthor sofort; Generalmajor v. Wangenheim konnte gleich danach dem Kommandanten seine Aufwartung machen, und die Garnison begann entsprechend §. 10 am folgenden Morgen um 8 Uhr ihren Ausmarsch aus einer Festung, woraus sie weder Feuer noch Schwert, weder Belagerung noch Einsperrung, weder Sturm noch Ersteigung, weder Mangel noch Not, weder Macht noch List verjagt hatte.[42])

„Und wie ich den ersten Tag mit Schiff mich übersetzen lassen, so verließ Düsseldorf auch wieder und marschierte nach Haus Leusch,"[43]) denn Wangenheim hatte bereits den Befehl erhalten, sich mit der Hauptarmee zu vereinigen, sobald er abkömmlich sei, um deren linken Flügel zu decken. Generalleutnant v. Hardenberg war mit seinem und Wangenheims Regiment am 7. gegenüber der Festung zur Ablösung eingetroffen. „Nachdem die Hannoveraner Stabsoffiziere von den pfälzischen und französischen Offizieren höflichst in die Stadt eingeführt worden, wurde General Hardenberg zum Kommandanten bestellt." Diese Worte des Kurtzen Berichts schildern, wie sich die Übergangsförmlichkeiten vollzogen und geben der militärischen Entrüstung des französischen Augenzeugen die rechte Bedeutung. „Wir mußten (Worte, die ich kaum schreiben oder aussprechen, ja niemals verschmerzen kann) die schändlichen Zeugen abgeben, daß 10 000 Mann, teils Franzosen, teils Pfälzer, von etlichen hundert Hannoveranern aus einer Festung vertrieben worden."

Am folgenden Morgen rückten die Franzosen und Pfälzer nach Süden ab, denn die Kapitulation hatte ihnen als Ziel ihres Marsches Köln bestimmt. Da der französische Offizier seinen Brief aus Deutz datiert, wo er Zeit fand, sich mehrere Tage gleichsam einzuschließen, um seine Erlebnisse zu Papier zu bringen, blieb sein Bataillon zunächst auf dem rechten Ufer. Die Pfälzer vereinigten sich gleichfalls mit Contades, der sie unter den Befehl des Generals Baaden stellte. Weil nun nach dem Frieden in Jülich ein Standquartier für ein Bataillon Baaden eingerichtet wurde,[44]) so ist über die

---

[42]) Brief des französischen Offiziers.
[43]) Relation Wangenheims.
[44]) Hoflammerbericht vom 12. Jan. 1765.

Pfälzer kein französischer General gesetzt worden. Das Regiment des Grafen Isselbach, welches auch in Düsseldorf gelegen hatte, stand nicht in französischem Solde. Daher räumte §. 18 der Kapitulation ein, daß seine Bagage zu Wasser nach Mannheim transportiert werden könnte, wenn Schiffe zu bekommen wären. Es steht aber nicht in der Kapitulation, daß Wangenheim die pfälzischen Truppen verpflichtete, fortan nicht mehr gegen die Preußen und Alliierten zu kämpfen, und Renouard irrt, wenn er gegen Contades die Anklage erhebt, er habe dieser Bedingung nicht entsprochen.

Die letzten Stunden, welche der Garnison in der Festung verblieben, hatten über die Stadt ein wüstes Treiben gebracht. Munition und Proviant mußten abgesehen von dem, was man auf dem Marsche davon gebrauchte, abgeliefert werden. Während die Truppen sich damit ausrüsteten, benutzten sie die Gelegenheit, soviel davon zu verderben und zu verschleudern, als nur irgend ging. Die Artillerie der Franzosen sollte außer den Regimentsstücken nicht aus der Festung entfernt werden. „Wir mußten also unsere Geschütze teils vernageln, teils zerschlagen, viele Tausend Centner Munition ins Wasser werfen, unsere Magazine verkaufen." „Die sich getrauten zu kaufen, konnten für einen Blaffert (gleich 3 Stüber oder 12 Pfennig) ein ganz Malter (gleich 200 Pfund) Hafer mit den Säcken einkaufen, wie denn einer hier aus dem Hamm für 12 Blaffert mit den Säcken 12 Malter Hafer gekauft hat. Desgleichen geschah mit Weizen= und Spelzenmehl, Reiß und Schuhen, indem man ein Paar neuer Schuhe, deren etliche Tausend vorrätig waren für 2 Stüber, ja viele Leute etliche Paare für einen Stüber gekauft haben." In der Neustadt lagen Schiffe mit Hafer, welche man sämtlich in den Rhein entlud und dann wie alle übrigen Fahrzeuge anbohrte. Im kurfürstlichen Marstall war derselbe kniehoch aufgeschüttet, und die Hammer Bauern schleppten ihn mit Säcken und Körben nach Hause, obgleich die dortige Fourage nicht angerührt werden durfte. Daher handelte General v. Hardenberg recht, wenn er in der Folge dieses gestohlene Getreide zurückverlangte. Ein Kommissar erschien in Bilk und Hamm und ließ öffentlich verkünden, daß alles, was von den Franzosen verkauft oder verschenkt worden sei, unverzüglich abgeliefert werden müßte. Um dem Befehl größeren Nachdruck und schnellere Ausführung zu sichern, visitierte man einige Häuser. Dies hatte zur Folge, daß man am nächsten Tage allein aus Hamm 62 Malter Hafer nach Düsseldorf schaffen konnte, „ohne bie, welche man aus Barmherzigkeit den armen und geringen Leuten wieder gegeben hat; und hat man doch gesagt, daß nicht einmal die Halbscheid sei angegeben worden." Unrichtig dagegen ist Ritters Behauptung und schon vom Oberst v. Schaumburg widerlegt, daß die Franzosen ungroßmütigerweise ihr Liebhabertheater im Gouvernementsgebäude auf der Citadelle angezündet und dadurch ein ganzes Stadtviertel in Feuersgefahr gebracht hätten. Dies geschah erst bei ihrem endgültigen Abzuge infolge der Friedenspräliminarien von Fontainebleau. Ebenso irren beide, wenn sie erzählen, daß die Franzosen die Schiffbrücke angezündet hätten. Renonard berichtet nur, daß diese sowie zwei fliegende Brücken [45]) zerstört worden seien. Diese hatten den Verkehr am hiesigen Zollthor und zu Grimmlinghausen unterhalten. Daß die letztere gänzlich von den Franzosen zu dieser Zeit ruiniert worden ist, bestätigt ein Bericht der Hofkammer vom 5. Febr. 1763. Weiteres weiß auch der Hammer Chronist nicht, erzählt aber vom Brand der Schiffbrücke im Anfang August, so daß eine offenbare Verwechselung vorliegt.

Während die alte Garnison durch die östlichen und südlichen Thore ausrückte, schickten sich die Bataillone Wangenheim und Hardenberg an, in die eroberte Festung einzuziehen. Anfänglich erachtete der Herzog diese Besatzung für genügend. Als aber Contades nach Übernahme des Oberbefehls zur Offensive schritt, mußte sich vom 9. Juli das Bataillon Diepenbrock bereit halten, von Mörs jeden Augenblick zur Verstärkung herangezogen zu werden. Es rückte beim Vormarsch der Alliierten am 12. oder 13. Juli von Düsseldorf nach Neuß, um das Gepäck zu decken. Von den beiden ihm verbleibenden Bataillonen entsendete Generalleutnant v. Hardenberg am 19. das eine nach Grimmlinghausen, die dortige fliegende Brücke zu schützen. Es nahm an dem Rückzugsgefecht bei Gnadenthal teil, ging aber 5 Tage später in die Festung zurück, während Diepenbrock bei der Armee verblieb. Das leichte Korps Scheiter war am 7. Juli von Kaiserswerth auf das linke Ufer gezogen, dafür die Düsseldorfer Garnison um 30 Dragoner und 20 Husaren vermehrt worden. Im allgemeinen beherbergte die Stadt 2, die letzten 14 Tage

---

[45]) Diese Brücken hießen im hiesigen Dialekt Gyrbrücken mit demselben Recht, mit dem man den Gerfalken Ghyervald nannte; wie dieser im Kreise fliegend seine Beute verfolgt, beschreiben jene Kreisbogen von einem Ufer zum andern. Heute scheint der Name Gyrbrücke allgemein durch „Ponte" ersetzt zu sein.

wieder 3 Bataillone Infanterie sowie 50 Mann Kavallerie. Die Gesamtstärke ihrer Besatzung wird im Durchschnitt auf 2000 Mann berechnet. Als Beute, welche er bei der Übergabe machte, giebt v. Wangenheim beträchtliche Mengen Mehl und Wein, sowie mehr als 300 Geschützrohre im Zeughause und auf den Wällen an; andere wissen nur von 80 Kanonen, darunter 6 hessische, welche die Franzosen aus dem Kasseler Arsenal genommen hatten. Diese wurden gleich den französischen Achtzehn- und Vierundzwanzigpfündern teilweise zur Ergänzung der Artillerie zur alliierten Armee geschickt. Einer der letzteren stürzte am 14. Juli zu Wevelinghoven von der Brücke in die Erft, konnte trotz aller Anstrengungen nicht herausgezogen werden und wurde von den Franzosen gefunden und als zurückerobert angegeben.

Das Verhalten des hannoverschen Kommissars in Hamm zeigt, daß die Feinde ein menschliches Rühren mit der Not der Düsseldorfer hatten. Der Hammer Chronist kann auch melden, daß sie sich ziemlich wohl mit den Bürgern vertragen haben. Er nimmt nur einen Truppenteil ausdrücklich aus, mit dessen Führung man nicht zufrieden gewesen, die soldatisch gekleideten Brückenknechte. Es bestätigt dies die anderwärts gemeldete gute Mannszucht der regulären Soldaten, während man in den Brückenknechten Irreguläre sich vorzustellen hat. Sie schoren und tribulierten die Leute, und zu ihnen mußte täglich der Korb zweimal voll guter Speise und Trank geschickt werden, „welches auch hier im Hamm eine Zeit lang gewährt hat." Der neue Kommandant eröffnete seine Thätigkeit damit, daß er durch Trommelschlag die Bestimmung der Kapitulation den Bewohnern bekannt machen ließ, wonach keiner, weder Geistlicher noch Laie bei Leibes- und Lebensstrafe über Kriegsangelegenheiten schreiben durfte. Der Herzog Ferdinand soll mit dem §. 11 der Vereinbarungen nicht einverstanden gewesen sein. Während die Bürger vertragsmäßig nur dann entwaffnet wurden, wenn sie Unruhen anfingen, ließ der Höchstkommandierende, ohne diese abzuwarten, alle Waffen einfordern, und Ritter vermutet, daß es geschehen sei, um versteckte französische Ausrüstungsstücke ans Tageslicht zu befördern. 50 französische Gewehre, 660 Jagdflinten, 40 Büchsen, 184 Pistolen wanderten aufs Rathaus, wo sie bis zur Räumung der Festung ruhten, dann ihren Eigentümern zurückgestellt wurden. Die modernen Darsteller dieser Zeitereignisse schweigen darüber, ob man der Hauptstadt auch eine Kontribution auferlegt, dagegen giebt sie der Hammer Chronist „in die 150 000 Rthlr." an und schildert sehr umständlich die Leiden, welche dieserhalb über einzelne Einwohner gekommen. Die auferlegte Brandschatzung war entweder nur schwer oder garnicht einzutreiben. Inzwischen fingen die Alliierten an, den Vormarsch der Franzosen zu merken, und Herzog Ferdinand machte sich kein Hehl daraus, daß seines Bleibens in Düsseldorf nicht mehr lange sein werde. Um die Zahlung zu beschleunigen, griff man am 18. Juli zu einem Gewaltmittel. Abends um 10 Uhr rückten Husaren und Dragoner vor die Wohnungen der Geheimräte Baumeister und Eckers, des Hofrats und Stadtsyndikus Dycks und der Geistlichen P. Friedrichs von den Jesuiten, Subprior Rosenthal von den Kreuzbrüdern und Canonikus Rickartz vom Stift. Man erklärte sie für Gefangene, bis die Stadt die auferlegten Gelder entrichtet hätte.[46]) Längere Zeit zog man mit ihnen im Lande herum, und daß sie dabei viel Elend und Unbequemlichkeit zu ertragen gehabt haben, ist leicht erklärlich. Ihre Irrfahrten endigten mit ihrer Ankunft in Hannover. Von hier kehrte zuerst der Jesuit zurück, darauf nach Abwesenheit von einem halben Jahre Geheimrat Baumeister, nach einem ganzen Jahre Hofrat Dycks und „wie es mit den andern geht, weiß ich bis dato nicht", setzt der Hammer Chronist 1760 traurig hinzu. Ob dieses Mittel die Aushändigung der Kontribution bewirkt hat, verrät er nicht; er weiß nur sehr glaublich zu sagen, daß diese Herren von allen in und auswendigen Bürgern sehr bedauert worden sind.[47])

Wenn das Verhältnis zwischen den neuen Herren und ihren Unterthanen, abgesehen von dem letzten Gewaltakte, der indessen nur eine Minorität von 6 Personen traf, im allgemeinen selbst nach dem Zeugnis des Feindes erträglich war, so ist nur durch die

---

[46]) Es wäre gar nicht ausgeschlossen, daß die Gefangennahme noch aus einem andern Grunde erfolgte, so glaublich auch ist, wie der Verfasser des Kurzen Berichts dieselbe motiviert und der Hofkammerbericht vom 22. Febr. 1766 bestätigt. Am 10. April trug der Herzog seinem Geheimsekretär v. Westphalen auf: Je vous prie de vous notter cela touchant les otages à prendre dans les païs de Berguen et le Sauerland pour les échanger contre ceux, que les ennemis ont pris à Hattingen afin que j'en puisse faire usage en temps et lieux.

[47]) Andererseits wußten sich diese Herren auch für ihre ausgestandenen Qualen zu entschädigen. Dycks z. B. erlangte ein kurfürstl. Reskript vom 16. Juni 1759, welches ihm eine vorzügliche Beförderung der Seinigen zusicherte, weil die alliierten Truppen ihn für die der Hauptstadt auferlegte Kontribution als Geißel mitgenommen (Berichtenbuch der Hofkammer. 22. Febr. 1766.)

ehemals ausgestreuten Gerüchte von Brandschatzung erklärlich), woher die gewaltige Angst der auswendigen Bürger vor den Hannoveranern stammte. Einzelne Husaren, welche sich von Düsseldorf kommend im Felde blicken ließen, erregten stets den heillosesten Schrecken. Wie nach der Schlacht von Crefeld Scharen von Neußer Einwohnern mit ihrer kostbarsten Habe nach Hamm ausgewandert waren, so befanden sich jetzt die Hammer Bauern mit Vieh und Mobiliar stets halb auf der Flucht nach Neuß, nachdem Düsseldorf kapituliert hatte. Die Ratlosigkeit der Landbewohner malt ihr Zeitgenosse sehr ausführlich: „In dieser betrübten Begebenheit und Umständen hatten etliche ihre besten Mobilien mit Kisten und Kasten teils nach Neuß, teils nach Düsseldorf geflüchtet, und weil man vorhersah, daß allenthalben die Hannoverischen würden hinkommen, holten etliche ihre Sachen wieder und wußten vor lauter Angst nicht wohin und woher mit denselbigen. Einige haben ihre besten Kleider und Linnenwerk mit Kisten in die Erde vergraben, worin selbige in kurzer Zeit in den Kisten verfault waren." Dabei gesteht derselbe Erzähler unumwunden ein, daß die Soldaten niemand ein Leid gethan hätten. So unangenehm allen der Gedanke an Hochwasser ist, so groß die Sorge und der Schaden, welchen es naturgemäß dem Landmanne bringt, so ungeheuer war dennoch die Freude der Hammer Bauern, als der Rhein am 25. Juli anfing, aus seinen Ufern zu treten. Zu einer Zeit, wo sich niemand erinnerte, einen so hohen Wasserstand erlebt zu haben, stieg der Fluß in einer Weise, daß bald die ganze Gegend weit und breit nur noch die Ortschaften als Inseln in dem großen Meere zeigte. Alle Verbindung mit dem nächstgelegenen Dorfe zu Fuß, zu Wagen oder zu Pferde hörte auf, und unerschrockene Husaren, welche versuchten, von einem zum andern zu kommen, mußten ihre Absicht bald aufgeben. Sie erschienen gleich wieder, als das Wasser sich verlief, um zu fouragieren. Die Abführung von Rindern veranlaßte die Bauern sich mit ihren Kühen auf die Warth (Lansworth) zu flüchten, oder auf das linke Ufer, die Neußer Weide, sich zu begeben. Hier waren sie wenigstens vor den Hannoveranern sicher, denn mit dem Steigen des Wassers zogen die Franzosen von Bedburdyck heran und hatten bereits Neuß besetzt.

Am 24. Juli war Herzog Ferdinand nach der Maas abmarschiert. Dadurch verlor Düsseldorf für ihn einen Teil seiner Bedeutung, und es verlor sie ganz, als die Generäle Chevert und

Voyer d'Argenson auf dem rechten Ufer parallel Contades auf dem linken vorgingen. Der Herzog hatte gehofft, in der bergischen Hauptstadt einen neuen Mittelpunkt seiner Operationen in Jülich und im Kölnischen, ein großes Kriegslazarett, einen für den Rückzug näher gelegenen Brückenkopf gewinnen zu können. In dem Maße wie er nach Süden vorrückte, entfernte er sich von dem Orte seines Rheinüberganges, und in demselben Maße wurde es für ihn mindestens wünschenswert, im Falle eines Mißerfolgs eine nähere Rheinbrücke zu gewinnen. Als nun die Franzosen sich von Rheinberg zurückgezogen hatten, erhielt v. Wangenheim die Weisung, alle Fahrzeuge auf dem Rhein und der Ruhr zusammenzubringen, damit man die Möglichkeit gewinne, beim Rückzug oder, um das Herzogtum Berg in Respekt zu halten, schnell auf das andere Ufer zu gelangen. Diese Fahrzeuge waren in Orsoy stationiert, wo sie das Bataillon Diepenbrock bewachte, indem es zugleich den Rhein sperrte. Während des Waffenstillstands vor Düsseldorf mußte Scheiter in Kaiserswerth die Schiffbrücke herstellen. Sie wurde unnütz, sobald man in den Besitz Düsseldorfs kam, wurde deswegen am 8. Juli dorthin transportiert und fiel in der Nacht vom 1. zum 2. August teilweise den Flammen zum Opfer. Ein Teil der Truppen Hardenbergs stand während dieser Zeit in Oberkassel, wo man provisorische Schanzen zum Schutz der Brücke und des Übergangs aufgeworfen hatte. Ob auch Graf Isselbach thatsächlich einen Teil seiner Garnison vor der Schlacht von Crefeld zum Schutze der Rheinbrücke daselbst postiert hatte, wie es Leutnant Ritter behauptet, bleibt dahingestellt. Oberkassel lag auf kurkölnischem Grund und Boden, und die Versuche des Kurfürsten Johann Wilhelm, die Feste Düsselburg zum Schutz der Hauptstadt dort zu gründen, waren an dem Einspruch des Erzbischofs, mehr noch an der ungünstigen, jedem Hochwasser ausgesetzten Lage gescheitert. Wenn aber v. Wangenheim am 27. Juni seine Batterie an dem angegebenen Ort placiert hat, können damals wenigstens keine pfälzischen Truppen auf dem linken Ufer gewesen sein. Die Existenz einer Rheinbrücke während des Frühjahrs 1758 kann deswegen nicht bezweifelt werden, weil die Europäische Zeitung aus Köln vom 29. Juni die Zerstörung derselben ausführlich berichtet. Dies bedingt indessen keineswegs notwendig die Anlage von Schanzen auf dem linken Ufer, da bis zum Juni das Hinterland in Freundeshand war. Eine ganz andere Veranlassung hatten aber die Alliierten, den Zugang zur Brücke in Oberkassel zu decken, da die Franzosen es auf ihre Zerstörung besonders abgesehen hatten. Denn während Generalleutnant Chevert sich von Köln aus in Marsch setzte, bei Grimlinghausen den Rhein passierte, rückte eine andere Abteilung auf dem linken Ufer gegen die Schanzen von Oberkassel vor. Indem auf diese Weise Düsseldorf von allen Seiten eingeschlossen wurde, und während man die Schanzen zu Oberkassel heftig beschoß, trieben um 12 Uhr in der Nacht vom 1. zum 2. August drei brennende Flöße an Hamm vorbei. Sie sollen bei Urdenbach südlich Beurath auf dem alten Rheinarm in aller Stille mit der Bestimmung gemacht sein, die neue Schiffbrücke bei Düsseldorf zu vernichten, um die Kommunikation zwischen beiden Ufern zu erschweren. Dieser Zweck wurde auch erreicht. Sie blieben an der Brücke hängen, steckten die Pontons sowie die Taue, mit denen sie aneinander gekoppelt waren, in Brand, und die flammenden Kähne trieben zum Teil den Strom hinab.⁴⁸) Dies ist unzweifelhaft der Brand der Schiffbrücke, welchen Ritter und v. Schaumburg erwähnen, aber 4 Wochen früher datieren. Das Feuer verbreitete eine solche Helligkeit, daß man von Hamm aus alle Kirchtürme und Häuser Düsseldorfs vollkommen klar erkennen konnte. Der Donner der französischen Kanonen und derjenigen aus der Schanze von Oberkassel sowie des groben Geschützes der Festungswälle jagte die erschreckten Bauern aus dem Schlaf und aus den Häusern. Sie rannten in ihrer Angst aufs offene Feld, „wähnend, es würde Himmel und Erde vergehen." Was die Bürger selbst ausgestanden, wissen wir nicht, doch diesmal blieb es noch bei der Angst. Chevert hielt sich nicht vor Düsseldorf auf, und die Franzosen auf dem linken Ufer waren der Stadt selbst infolge der Befestigung Oberkassels nicht gefährlich.

Ein trübes Nachspiel erhielten die Ereignisse dieser tollen Nacht für die Hammer Bauern. Am 6. August wurde ihnen eine Verfügung v. Hardenbergs bekannt gegeben, dafür, daß man die Annäherung der brennenden Flöße nicht unverzüglich der Komman-

---

⁴⁸) Dasselbe Verfahren wollten die Franzosen in der Nacht vom 6. zum 7. August gegen die Brücke zu Rees anwenden. Hier waren aber die Alliierten, durch die Ereignisse zu Düsseldorf gewarnt, wachsamer, so daß der Anschlag mißglückte. On apprit qu'il se préparoit à Wesel des bateaux chargés de combustibles pour bruler notre pont; les machines furent lachées, mais détournées ou arrêtées de façon qu'elles ne firent le moindre dommage. (v. Westphalen, Tagebuch II. 581.)

bantur gemeldet, sollte das Dorf innerhalb 18 Stunden die Summe von 2000 Reichsthaler als Strafe erlegen, widrigenfalls es geplündert, die Häuser angesteckt würden. Der Apparat, welcher in Bewegung gesetzt war, diesen Befehl zu verkünden, war imponierend genug. Der Stadtschreiber verfügte sich mit einem Scribenten und 2 Stadtdienern in einer zweispännigen Chaise nach Hamm, ließ die Bauern zusammenberufen und verlas ihnen ihr Urteil. Am nächsten Morgen hatten die „Fürnehmsten des Dorfes" gerade 100 Reichsthaler zusammengebracht. Zwei Abgesandte wurden damit nach Düsseldorf geschickt, wegen Verringerung der Summe zu unterhandeln, das Fehlende durch eine Anleihe zu beschaffen. „Wie viel aber noch aufgenommen worden, habe ich niemals nachgefragt, der Ausgang wirds zeigen, wann die Summe und das Kapital wird müssen und sollen erlegt werden," meldet der Berichterstatter 1760. An dem 7. August ritten fortgesetzt Husarenpatrouillen durch Hamm zum größten Entsetzen der Bauern, welche in jedem Augenblick erwarteten, daß jetzt das Verderben über ihr Hab und Gut hereinbräche. Sie fügten aber niemand ein geringsten Schaden oder Leib zu, setzt der Augenzeuge dabei.

Daß diesem Drama auch die Farce nicht fehlte, dafür sorgte ein Jungrat von Düsseldorf, welcher mit einem Stadtdiener im Dorfe angelangt war, um aufzuzeichnen, was noch an Stroh, Heu, Korn und Hafer daselbst vorhanden. Nachdem ihm die Bauern in größter Bekümmernis ihr Leid geklagt hatten, gab er ihnen diesen einfältigen Rat: „es sollten sich nämlich alle Weiber in Hamm und Steinen versammeln, und alle zugleich aufmachen, und nach der Stadt zum General gehen, fußfällig bei selbigem suppliciren um gnädige Nachlassung so großer Summen Gelds. Wie dann sich auch alle, eine oder andere ausgenommen, versammelt, und nach der Stadt aufgemacht; sind aber nicht eingelassen worden, sondern nachdem sie beim General angemeldet, ist der General-Adjutant zu ihnen vors Bergerthor geschickt worden, um zu vernehmen, was ihr Begehren und Anliegen wäre; nachdem er solches angehört, hat er sie mit aller Freundlichkeit wieder fortgeschickt mit dieser Antwort: Hierbei wäre nichts auszurichten, als daß das aufgeschriebene Geld dem General all müßte überzahlt und erlegt werden. Mit dieser leeren Antwort mußten die guten Weiber wieder nach Hause gehen."

Aus dem Auftrage, welcher jenen Jungrat nach Hamm geführt, ließe sich schließen, daß General v. Hardenberg an eine ernstliche

Verteidigung der Festung am 7. August noch gedacht habe. Zu diesem Zweck nahm er auf, welche Lebensmittel in ihrer nächsten Nähe vorrätig, die Garnison zu verproviantieren. Aber zu dieser Zeit war beim Höchstkommandierenden längst entschieden, die Stadt zu räumen. Am 11. Juli meinte v. Westphalen, daß ihre Besatzung gut zu verwenden sei, durch Demonstrationen gegen Mülheim am Rhein und Deutz den Feind um seine Kölner Brücke besorgt zu machen, aber 5 Tage später rechnete Herzog Ferdinand schon ernstlich mit der Möglichkeit, die Festung zu verlassen. „Da es ja sich fragen könnte," schreibt er an den König, „ob es angemessen wäre, die Stadt Düsseldorf preiszugeben, so glaube ich ja, obgleich man sie solange als möglich und, als man nicht zu fürchten hat, die Garnison abgeschnitten zu sehen, halten muß. Es scheint mir, daß der Kommandant von jetzt an daran denken muß, das Geschütz und alles, was den Franzosen gehört hat, nach Münster zu schaffen. Im Falle, daß er die Stadt verläßt, muß er alles Pulver, welches er nicht mitnehmen kann, in den Fluß schütten." 4 Wochen später rechtfertigt der Herzog, warum er nicht ernstlich daran habe denken können, die bergische Hauptstadt gegen die Franzosen zu verteidigen. „Ich hätte wohl gewünscht, sie zu behalten, aber es fehlte ihr absolut an Pulver. Die Franzosen hatten alles, was davon in der Stadt war, in den Rhein geworfen, als sie sich ergab, und ich hatte nicht Zeit, genug heranfahren zu lassen, um sie von neuem hinreichend damit zu versorgen. Es hat mir daher notwendig erschienen, die Garnison herauszuziehen." So verwirklichte sich von allem, was man mit Düsseldorf vorhatte, nur eins; seine Garnison sandte täglich ein Detachement nach Neuß, die dortige Feldbäckerei zu decken, und unterstützte ein paar Mal die Operationen der Hauptarmee.

Als dieselbe sich vom Rhein entfernte, hatte v. Hardenberg bald Not genug, sich der Feinde zu erwehren und aufzupassen, daß er den rechten Zeitpunkt zur Räumung nicht versäumte. Vom 28. Juli an ward er blockiert und, da er die Aufforderung zur Übergabe ablehnte, vom linken Ufer, aber wegen der Oberkasseler Schanzen ohne Erfolg, beschossen. Der Verlust der Schiffbrücke konnte verhängnisvoll werden, sobald die Franzosen gegenüber der Festung aushielten. Indessen rückten Chevert und Voyer d'Argenson am 2. August nördlich ab, so daß dem Kommandanten die Rückzugslinie wieder offen war, während die Beschießung von der linken Seite fortdauerte. Es ist nun wohl keineswegs reiner Zufall, daß v. Harbenberg an demselben Tage in aller Stille die Festung verließ, an dem Herzog Ferdinand seinen Übergang über den Rhein bei Hoch-Elten vollzog. Schon wieder marschierten neue Regimenter auf dem rechten Ufer gegen die Hauptstadt heran, und zwei derselben standen am 9. August morgens in Hamm. Der kurze Bericht meldet, daß sie nur 2 Schiffen mit Proviant von Köln nach Neuß zur Deckung gedient hätten und noch denselben Nachmittag zurückgekehrt wären. Sehr zu bezweifeln ist, ob seine Angaben in dieser Form richtig sind, und ob er sich mit Recht vergnügt die Hände reibt, wenn er meint, ihre Anwesenheit hätte die Hannoveraner dermaßen erschreckt, daß sie Düsseldorf noch in der nächsten Nacht räumten. „Denn sie wußten den Hinterhalt (nämlich ihren Dienst als Bedeckungsmannschaften) der Franzosen nicht, noch was sie im Sinne hatten." Wenn dies auch kaum die Erwägungen gewesen sind, nach denen der Kommandant seine Maßregeln ergriff, so hat er doch unter dem Schutze der Dunkelheit seinen Rückzug bewerkstelligt.

Am Morgen jenes 9. August hatten sich die Hammer Marktweiber mit ihren Waren in die Stadt begeben. Danach waren die Franzosen im Süden aufmarschiert, Husaren ihnen entgegengeschickt worden, die sich an der Kreuzkapelle auf halbem Wege zwischen Bilk und Hamm lustig mit französischen Kavalleristen herumschossen, „doch sahe man keinen von ihnen vom Pferd fallen oder tot bleiben." Nun war der Markt beendet; als aber die Weiber an das Thor kamen, fanden sie es verschlossen, und sie waren von Hause solange abgeschnitten, als Harbenberg noch die Festung hielt. Indem sie wider Willen Augenzeugen der letzten Stunden des Aufenthaltes der Fremden waren, und nachträglich nicht unterlassen haben, ihre Erlebnisse zu erzählen, ergänzten sie ihres Dorfgenossen Kenntnisse um das, was er nicht selbst hatte sehen können. Harbenberg verdeckte die Vorbereitungen zu seinem Abmarsche unter einer gewaltigen Kanonade von den Wällen und Schanzen. Während er hierdurch nach außen den Schein hervorrief, als denke er an alles andere eher als an Räumung, ließ er im Innern auf dem Mühlen-, jetzt Friedrichsplatz einen neuen Galgen aufschlagen, seine dortigen Feinde und Spione zu täuschen. Ein Gerücht ging von Mund zu Mund, der Kommandant werde in der nächsten Nacht an 5 Delinquenten das Todesurteil vollziehen lassen. Dadurch gab er den Einwohnern den nötigen Unterhaltungsstoff für Vermutungen und lenkte ihre Aufmerksamkeit von dem Treiben der Soldaten ab. Als dann die Nacht hereinbrach, marschierten diese kompagnieweise zum Ratinger Thor „mit stillen Trommeln" hinaus, so daß die Bewohner scheinbar gar nicht entdeckten, welche großen Ereignisse sich unter ihren Augen vollzogen. Am nächsten Morgen waren die Hannoveraner fort und in vollem Marsch auf Lippstadt, um dem Prinzen von Soubise in der Besetzung dieses Ortes zuvorzukommen. Vielleicht war die Civilregierung ebenso überrascht davon wie die Unterthanen. Es dauerte Stunden, bis sie sich erholte und die Zügel der Herrschaft ergriff. So könnte man wohl den Umstand deuten, daß man die Stadtthore ohne allen Grund erst am 10. August um 11 Uhr vormittags öffnete. Dann aber beeilte man sich, die französischen Bundesgenossen wissen zu lassen, wie „solcher Gestalt das werte Düsseldorf von den Hannoveranern wiederum befreit worden," und diese schickten sich zur schleunigsten Besitzergreifung an. Noch an demselben Nachmittag zogen mehrere Regimenter mit dem Oberstleutnant Mayer von den Konstablern der Pfälzer in dieselbe Festung wieder ein, welche sie vor 33 Tagen einem weitaus geringeren aber keckeren Feinde hatten überlassen müssen. Die neuen Herren fanden eine arge Verwüstung auf den Wällen und in den Magazinen vor. Die Munition hatte v. Hardenberg in den Rhein schütten, die Kanonen vernageln, die Lafetten und Räder zerschlagen lassen. Oberstleutnant Mayer ließ die Schäden schleunigst ausbessern, „wie wir selbst gesehen und täglich durch das beständige Kanonieren, die Stück zu probieren, gehört haben."

Nun kam aber alsbald das schimpfliche Nachspiel für die Pfälzer. Das Versailler Kabinet verlangte, daß fortan die Franzosen allein die so wenig rühmlich verlorene Festung besetzten. Großmütig gestanden sie dem Kurfürsten zu, sich mit 100—150 Mann lediglich zum Wachtdienst im Schloß daran zu beteiligen. Dies war nun gewiß das Mittel, Karl Theodor von seiner Vorliebe für das französische Bündnis zurückzubringen, dem seine Minister ja von Anfang an herzlich abgeneigt gewesen sein sollen. So kam es bald zu offenen Zwistigkeiten zwischen den Bundesgenossen. Der Kurfürst drohte mit Klage vor Kaiser und Reich, und die Zahlung der französischen Hülfsgelder wurde aufgekündigt. Das hinderte die Franzosen aber nicht, sich bis 1762 als Herren von Düsseldorf zu betrachten, und der Stadt selbst hat es nicht gerade zum Vorteil gereicht. Sie hatte unzweifelhaft großen Schaden beim Bombardement gelitten, und es ist bedauerlich, daß die wiederholte Berechnung⁴⁹) desselben entweder nicht mehr erhalten oder noch nicht wieder aufgefunden ist. Er kann aber lange nicht so groß gewesen sein als die Lasten und die Sorgen, welche die spätere französische Besetzung, die fortwährenden Durchmärsche und Einquartierungen, die Requisitionen, die Not der Einwohner mit einer ausgelassenen, hochmütigen, zu allen Ausschreitungen neigenden Garnison, die Überschwemmung der Stadt mit falschem Gelde, die Beeinträchtigung der Gewerbetreibenden durch die französischen Marketender und die daraus entspringende Einbuße der Stadtkasse an ihren Einnahmen aus der Accise und vieles andere in den folgenden 4 Jahren gekostet haben. Die Ratsprotokolle sind zur Hälfte mit diesen Angelegenheiten gefüllt.

⁴⁹) Aus den Ratsprotokollen lassen sich nur wenige Nachrichten darüber gewinnen und nur über nebensächliche oder nachträglich angemeldete Forderungen. Altrat Somers und Hofrat Dycks liquidierten am 12. Mai 1760 noch 99 Rthlr. Diäten für eine Reise ins hannoversche Hauptquartier 1758, desgleichen die Kommission, welche die Brandstätten visitiert hatte, am 3. März d. J. 42 Rthlr. 60 alb. Jacobi forderte für einen abgesendeten Expressen nach Mettmann und Dortmund pto der von den Alliierten urgierten Kontributionen am 21. April 1760 4 Rthlr. 5 stbr. Die Erben Servaes meldeten damals erst den Schaden an ihrem Hause an, und der Bürgerleutnant Sebastian Hand berechnete die Beschädigung an Mobilien infolge des Bombardements auf 39 Rthlr. Wegen ihrer im hannoverschen Dienst „verkommener oder mitgenommener" Pferde sollten einem Pächter zu Stoffeln 20 Rthlr., einer Witwe Derendorfs 75 Rthlr. vergütet, dem Hofkellermeister die Gewinnsteuer pro 1758 erlassen werden. Kaufmann Diergarthen liquidierte 76 Rthlr. 15 stbr. für Papier, welches er den Hannoveranern zu Patronen, und für Wein, den er dem franz. Gouverneur geliefert hatte, endlich Witwe Juffoni forderte 80 Rthlr. 60 alb. für Wachs- und Unschlittlichter für das hannoversche Gouvernement. Die Schadenberechnungen, welche die Stadtverwaltung der Regierung einsendete, sind bis jetzt leider bloß dem Datum ihrer Absendung, dagegen nicht ihrem Inhalte nach bekannt. Am 14. April 1760 forderte die kurfürstliche Regierung nochmals ein Verzeichnis alles dessen, was an Kontributionen, Exekutionen, Douceurs und Lieferungen den Hannoveranern gegeben worden sei. Sie erhielt zur Antwort, daß die Hauptentschädigungstabelle bereits am 30. Okt. 1758 eingesendet worden sei, daß alle gestellten Fragen darin, sowie in den Nachträgen vom 19. Jan. 1759, 29. Jan. und 11. März 1760 enthalten seien.

Düsseldorfs älteste Zeitung.

Von

Ludwig Merländer.

Gedruckte „Zeyttungen" kannte schon das 15. Jahrhundert, allerdings nicht im Sinne unserer heutigen periodisch erscheinenden Blätter. Mit „Newe Zeyttung" bezeichnete man derzeit und auch während des 16. Jahrhunderts kleine Druckschriften, welche, oft nur aus einem einzigen Blatte bestehend, irgend ein Ereigniß, das man dafür bedeutend genug hielt, berichteten, sei es nun eine politische Begebenheit, sei es eine Wundergeschichte, eine Mordthat oder seien es Nachrichten über die Verheerungen, die ein Unwetter angerichtet u. s. w.

Das älteste deutsche derartige „fliegende Blatt" ist im Jahre 1488 erschienen; 1493 brachte ein solches den Brief des Columbus an den spanischen Schatzmeister Rafael Sanchez über die Entdeckung Amerikas und fand, in verschiedene Sprachen übersetzt, in ganz Europa Verbreitung.

Es waren dies indessen nur Gelegenheitsschriftchen; in bestimmten Zwischenräumen erscheinende Blätter treten erst im 17. Jahrhundert auf, und besonders in der 2. Hälfte desselben, mehr aber noch im Anfange des 18. Jahrhunderts bildete sich jene reguläre Presse, die, seitdem mehr und mehr wachsend, schließlich zu ihrer heutigen Bedeutung gelangte.

Das älteste noch vorhandene Wochenblatt ist 1609 zu Straßburg gedruckt und von Johann Carolus herausgegeben; es trägt nachstehenden Titel:

Relation:
Aller Fürnem-
men vnd gedenckwürdigen
Historien / so sich hinn vnd wiber
in Hoch vnnd Niber Teutschland / auch
in Franckreich / Italien / Schott vnd Engelland /
Hisspanien / Hungern / Polen / Siebenbürgen
Wallachey / Molbaw / Türkey / ꝛc. Inn
diesem 1609. Jahr verlauffen
vnd zutragen möchte.
Alles auff das trewlichst wie
ich solche bekommen vnd zu wegen
bringen mag / in Truck ver-
fertigen will.

Während Cleve und Wesel bereits zu Ende des 17. Jahrhunderts eine periodische Presse besaßen, hat Düsseldorf, derzeit eine Stadt von fast 10 000 Einwohnern, verhältnismäßig spät eine solche Einrichtung zu verzeichnen.

Tilman Liborius Stahl, Churfürstlicher Hofbuchdrucker, unternahm es im Jahre 1745, eine Lokalzeitung ins Leben zu rufen, welche länger als ein Jahrzehnt bestanden hat, denn noch 1756 lassen sich Spuren ihres Daseins nachweisen. Mit dem Tode seiner Witwe und der Übernahme des Geschäftes durch Karl Philipp Ludwig Stahl scheint indes das Unternehmen ein Ende gefunden zu haben, wenigstens sind spätere Nachrichten über dasselbe nicht vorhanden.

Diese Zeitung, betitelt: „Stadt Düsseldorffer Post-Zeitung" erschien vom 1. Januar 1745 an wöchentlich 2 mal, des Dienstags und Freitags. Die Nummer bestand aus einem Doppelblatte in 4° (anfänglich 21 + 17 Centimeter, später in etwas größerem Format), zweispaltig in Mittel-Fraktur gedruckt. Eine Ansicht der Stadt Düsseldorf, ziemlich roh in Holzschnitt ausgeführt, in der ganzen Breite des Blattes, nahm den oberen Teil der ersten Seite jeder Nr. ein, wurde aber später durch das Jülich- und Bergische Doppelwappen ersetzt.

Vorzugsweise enthielt die Zeitung politische Nachrichten, außerdem auch amtliche Bekanntmachungen; geschäftliche Anzeigen scheinen in den ersten Nummern gänzlich gefehlt zu haben, treten aber in späteren Jahrgängen auf, ebenso wie Fremdenlisten und Marktpreise.

Außer einigen Bruchstücken aus dem Jahre 1756 ist uns nur eine einzige vollständige Nr. erhalten geblieben, welche sich im Besitze des Herrn C. Guntrum hier befindet, und deren Inhalt in Nachstehendem wörtlich wiedergegeben ist.[1])

Nr. 12. Stadt-Düsseldorffer Post-Zeitung.
Dienstags, den 9. Februarii 1745.

Madrit / den 5. Januarii.

Den 2. dieses ist der Herzog von Montemar mit seiner gantzen Familie zu Reconi / 2 Stunden von hier / angelanget. Vorgestern verfügte sich dieser Herr nach dem Pardo / allwo er dem Könige seine unterthänigste Aufwartung machte / welcher ihn zu seinem Kriegs-Ministre zu ernennen geruhete. Dieser Herzog ist würcklich beschäftiget / die Armée des Königs / sowohl in Piemont als in Italien / in den Stand zu setzen / welchen die gesuchten Vortheile bey dem künftigen Feldzuge erfordern. Es solle dahero die erstere Armée auf 35 000 Mann / Spanischer Trouppen / anwachsen / mit denen sich 20 000 Frantzosen conjungiren werden. Die zweyte Armée solle bis auf 45 000 Mann verstärket werden / worunter aber die Neapolitanischen Trouppen / so zu denselben stossen werden / nicht mit begriffen sind. Dem Marquis de las Minas ist auf dem Wege hieher ein Courier entgegen gekommen / welcher demselben zu vernehmen gegeben / daß ihn der König / in Betrachtung der geleisteten Dienste / zum Gouverneur-General von Gallizien ernennen / aber auf seine Willens-Meynung dahin erklären lasse / daß er / Marquis / nicht nach Madrit kommen und bey Hofe erscheinen / sondern sich sogleich in sein Gouvernement verfügen solle. Dieser Herr hat das über diese Charge ihme von dem Courier eingehändigte Königl. Patent durch eben den Courier zurückgeschicket / und in einem an Se. Königl. Majest. beygefügten Briefe gemeldet / wie daß die gnädigste Ernennung zu einer so ansehnlichen Stellen in ihme zwar alle Regungen der Erkäntlichkeit erwecke; er glaube aber um so weniger eine Belohnung zu verdienen / da er ja unwürdig seye / vor denen Augen Sr. Majestät zu erscheinen / als weswegen er

---

[1]) Eine kurze Angabe ihres Inhalts befindet sich bereits in Nr. 2 der Zeitschrift des Düsseldorfer Geschichtsvereins vom Jahre 1882 pg. 24 im Nachtrag zu Düsseldorfs periodische Presse vor hundert Jahren von Dr. Tönnies.

sich diese Ehre unterthänigst abbitte/und Se. Majest. allein um die gnädigste Erlaubniß/sich in seine Commenthurey im Königreiche Valencien begeben zu dörffen/ersuche. Dem Marquis ist in dieser Bitte von dem Könige gewillfahret worden. Der Marquis de Lede/ welcher um eines begangenen Hauptfehlers willen einen gemeinee Grenadier agiren mußte/hat sich in dieser letztern Qualität mit seiner Tapferkeit und klugen Aufführung dergestalt hervorgethan/ daß ihn der König rehabilitiret/und ihme auf das erste Infanterie= Regiment/so bey der Armee des Infanten Don Philipp vacant werden würde/ein Expectanz=Decret hat ausfertigen lassen/auch denselben zum General=Abjudanten dieses Prinzen ernannt hat.

Prag/den 23. Januarii.

Letzthin ist allhier ein unterm 11. dieses ergangenes und die Verlängerung des Abschaffungs=Termins der Prager Judenschafft betreffendes Patent publiciret und affigiret worden/Krafft dessen die Prager Städte von denselben bis auf den letzten Febr. zu räumen sind/und im übrigen es bey dem unterm 18. Dec. erlassenen Rescript sein Verbleiben haben solle. Die Werbungen sind bereits angefangen worden/und dieses Königreich solle/dem Vernehmen nach/17 700 Recrouten auf das heurige Quantum stellen. Se. Königl. Majest. von Pohlen sind den 20. dieses zu Olmütz eingetroffen. Aus Schlesien vernimmt man/daß die Preussen den Neiß=Fluß repassiret seyen.

Ein anderes aus Prag/den 26. Januarii.

Vorgestern gegen 6 Uhr Abends langte Ihro Königl. Majest. der König und die Königin von Pohlen/unter Lösung der Canonen und bey Parabirung der Garnison/glücklich allhier an. Dienstags gegen 11 Uhr haben höchst Dieselben/nachdem Sie verschiedene andächtige Oerter unserer Stadt besucht hatten/Dero Reise nach Dreßden fortgesetzet.

Donau=Strohm/den 28. Januarii.

Die Königl. Ungaris. Trouppen breiten sich in den hiesigen Gegenden dergestalt aus/daß die Französische mehrentheils einer anwachsenden Macht auszuweichen genöthigt werden. Die erstere haben sich bereits bis Donauwerth gezogen/und einem erschollenen Gerücht nach/sich dieser Stadt wieder bemächtiget. Bey solchen Umständen trachten die Franzosen theils mit List/theils mit Gewalt in Städte und Vestungen zu kommen/wie sie dann zu Memmingen und Regenspurg schon würcklich einen Versuch gethan haben sollen. Dahero rüstet man sich hin und her zur Gegenwehr/ oder man stehet wenigstens auf guter Hut/ um sich nicht gemüßiget zu sehen/ diese aus ihren Winter-Quartieren vertriebenen Gäste einzunehmen. So sehr man französischer Seits darauf bedacht ist/ wie man sich nicht nur der Stadt am Hof/ sondern auch der Stadt Regenspurg selbst/ um die Passage des Donau-Strohms frey zu halten und eine starcke Garnison darein verlegen zu können bemeistern möchte/ eben so sehr sind die Oesterreicher bemühet/ dieser Unternehmung vorzukommen.

München/ den 28. Januarii.

Den 25. dieses um 5 Uhr wurde durch den Schall der Trauer-Glocken die vorseyende Versenckung Ihrer Römischen Kayserlichen und Königlichen Majestät/ zu einem allgemeinen Leidwesen verkündiget. Nachdem also der entseelte Leichnam in einem eichenen/ mit schwartzen Sammet überzogenen und mit güldenen Borten besetzten Sarg geleget worden; so nahme der Leichen-Conduct nachfolgenden Fortgang: Erstlich machten die Bruderschaften mit ihren Fahnen und brennenden Wachs-Lichtern in der Hand den Anfang; Sodann erschienen die hiesigen Ordensgeistlichen/ ebenfalls mit brennenden Wachs-Lichtern in der Hand. Man hörte zugleich eine Trauer-Music/ nach welcher die Herren Hof-Capellanen folgten. Hierauf kamen die sämmtlichen Chor-Herren/ denen Ihro Hochwürden und Gnaden/ Herr Franz Johann Wilhelm/ Freyherr von Bettendorff/ Ihro Kayserlichen Majestät geheimer Rath/ geistlicher Raths Präsident und infulirter Probst bey U. L. Frauen Collegiat Stifft allhier/ in Pontificalibus mit der Insul auf dem Haupt in Begleitung zweyer Leviten nachfolgte. Nach demselben kamen sämmtliche allhier anwesende Kayserl. Edel-Knaben mit brennenden Wachs-Fackeln in der Hand. Die Baare/ worauf der Kayserliche Leichnam ruhete/ wurde von den ältesten 24 Kammer-Herren/ davon eine Helffte die andere abwechselte/ auf den Schultern getragen/ und zu beyden Seiten gingen Kayserl. Halsjchiers. Nach dem Sarg folgten in tiefstem Trauer-Habit und Mänteln Ihro Excellenzen/ der Kayserl. Herr Obrist-Hofmeister/ Ober Kammer-Herr/ und die übrigen vornehmen Kayserl. Ministri/ geheime Räthe und Kammer-Herren/ sodann die Herren Hof- desgleichen Hof Kammer- und andere Räthe/ mit denen Herren Truchsessen untermischet. Innerhalb der Kirchen-Thür der Herren P. P. Theatiner stunden diese

Ordens-Geistliche/ um den Kayserl. Leichnam zu empfangen. Der Chor und fast die Helfte der Kirche war völlig mit schwartzem Tuch bekleidet/ und auf allen Altären waren brennende Kertzen angezündet. In der Mitte war eine 7 Staffeln hohe mit schwartzem Tuch bekleidete Traur-Bühne aufgerichtet/ auf welche man die Todten-Baare setzte/ um welche über 100 weisse Wachs-Lichter angezündet waren. Auf der Baare erblickte man 9 kostbahre Küssen von weissem Atlaß sehr prächtig borbiret/ auf deren mittelsten ruhete die Römische Kayser Crone/ auf beyden Seiten aber Schwerd und Scepter. Zu dem Haupte sahe man die Ordens-Zeichen vom güldenen Vließ und St. Georgii Defensorum Immaculatae Conceptiones B. V. M. Nächst diesen erblickte man den Chur-Hut/ den Ertzherzoglichen Hut und zu denen Füssen den Reichs-Apffel nebst der Königlichen Böhmischen Crone. So bald der Kayserl. Leichnam auf obermeldte Traur-Bühne gesetzt worden/ fing die Geistlichkeit an/ die Vesper zu singen/ und das vor der Kirchen parabirende Kayserl. Leib-Regiment gab eine dreifache Salve. Nach Endigung der Vesper wurde die Kayserl. Todten-Baar von den Herren Cammer-Herren in den Chor der Kirchen getragen/ und der Kayserliche Leichnam in den aus der Todten-Baar herausgezogenen obbeschriebenen Sarg denen 10 Kayserl. Truchsessen übergeben/ welche denselben/ nach beschehener Übernehmung/ und nach denen von dem Herrn Propst der P. P. Theatiner ausgestellten Reversalien unter Absingung des Psalms: Benedictus Dominus Deus Israel etc. in die Kayserl. Grufft übertrugen/ und an seine Ruhe-Platz stelleten.

Glatz/ den 23. Januarii.

Unser Commandant hat eine solche Menge von allerley Provisionen herein schaffen lassen/ daß die Garnison/ welche sich in dem besten Zustande von der Welt befindet/ den gantzen Winter durch überflüßig damit verforgt werden kan. In der Vestung ist sehr viele und schöne Artillerie/ nebst einer hinlänglichen Anzahl der dazu benöthigten Leute/ wie auch ein Vorrath von Kriegs-Munition auf mehr als ein Jahr. Die hier in Garnison liegende Husaren haben mit einiger Infanterie in der Nacht zwischen dem 19. und 20. dieses einen Ausfall gethan/ um die bey Niederstein befindlichen Oesterreicher zu überfallen. Der Herr Major Schütz gienge mit den Husaren voraus/ und liesse die Husaren-Vorposten niedermachen/ auch derselben gantze Wache attaquiren. Hierüber sind die in denen

Häusern einquartirte Husaren in einen solchen Schrecken gerathen / daß sie sich mit Hinterlassung aller Sachen davon machten. Hierauf bekam auch die in einem Mayerhof gelegene Oesterreichische Cuirassiers und Dragoner von dem besagten Herrn Major einen nächtlichen Besuch / als welcher mit nicht mehr als 60 Husaren / weilen die übrigen von dessen Commando mit Verfolgung des Feinds und mit Einbringung der Gefangenen / beschäfftiget waren / dieselbe aufsuchte. Er traf an einer Brücke 30 Oesterreicher an / welche er sofort zurück triebe. Da er bey einem weitern Vorrücken von dem Dorffe Stein / ohngefähr 300 Oesterreichische Cuirassiers und Dragoner / welche unterdessen zwey besondere Haufen formirten / wahrgenommen / so attaquirte er sie / ohne daß er vorher sein gantzes Commando hätte zusammen ziehen wollen / mit so vieler Tapferkeit und Klugheit / daß sie sich nach einem kurtzen Widerstand zurücke ziehen mußten. Nicht weit davon waren andere Dragoner postiret / die aber den Angriff nicht erwartet / sondern die Flucht genommen haben. Von denen Cuirassiers sind auf der Retraite etliche 30 massacriret / auch sehr viele blessiret worden. Die Anzahl der Gefangenen belauffet sich auf einige 50 Mann. Es sind bey dieser tapfern Unternehmung auch 100 Pferde und viele Sachen erbeutet worden. Unserer Seits ist ein Mousquetier getödtet / ein Husar aber / nebst einem Pferd blessiret worden.

Cöllen / den 1. Februarii.

Der Hertzog von Aremberg hat einige Escadrons Husaren gegen den Rhein anrücken lassen / welche sich in den zwischen unserer Stadt und Unckel gelegenen Dörferen postiret haben.

Avertissement.

Es wird hiermit dem Publico bekannt gethan / wie daß die Immobilar-Hinterlassenschaft der Wittiben Joan. Conradi Pell seeligen binnen Kayserswerth am 5. Aprilis a. c. tax- und distrahiret werden solle / als welcher Terminus jederen dero Creditorum sich daselbsten am Gericht / so er wolle / anzumelden / Peremptorè bestimmet wird.

Diese Art Zeitungen werden wöchentlich 2 Stück gedruckt, als Dienstags und Freytags, bey Tilm. Libor. Stahl, Churfürstl. Hof-Buchdruckern.

Wier oder Weyer?

Nachträgliches über den ersten Bekämpfer des Hexenwahns in Deutschland.

Von
Prof. Dr. C. Binz in Bonn.

———

Der berühmte Mediciner Albrecht von Haller sagt in seiner Bibliotheca medicinae practicae 1777, Bd. 2, S. 163: „J. Wyer vel Weyer, non Wier, cum se *piscinarium* dixerit, Gravensis, in Galliam peregrinatus" u. s. w.

In meiner Biographie[1]) des verschollenenen Humanisten folgte ich dieser Auffassung und schrieb S. 2: „Wie der Name von uns zu schreiben ist, kann nicht zweifelhaft sein, da er in des Mannes deutschem „Arzneybuch" von 1583 auf dem Titel und am Schluß der Vorrede Johann Weyer lautet. So wurde er also auch bei Lebzeiten genannt. In Niederdeutschland mag man ihn Wi-er genannt haben, woraus dann lateinisch Wi-erus wurde. Wi-er ist im Mittelhochdeutschen und Altholländischen unser Weiher (nach Johannes Franck), das heutige holländische vijver. Aus Wi-er und Weyer leitet sich Piscinarius her. Ganz unrichtig ist die häufig vorkommende einsilbige Schreibung und Aussprache Wier. Das heutige holländische wier heißt Seegras und konnte unmöglich zu jener Latinisierung führen."

Gegen diese Schreibung hat sich H. Eschbach gewendet in der meine Biographie vielfach ergänzenden schönen Abhandlung dieses

---

[1]) Carl Binz, Doktor Johann Weyer, ein rheinischer Arzt, der erste Bekämpfer des Hexenwahns. Ein Beitrag zur Kulturgeschichte des 16. Jahrhunderts. (Mit den Bildnissen Weyers und seines Lehrers Agrippa.) Bonn bei A. Marcus. 1885. (Sonderabdruck aus dem 21. Band der Zeitschrift des Bergischen Geschichtsvereins.)

Jahrbuchs.*) Der Name sei Wier zu schreiben, aber zweisilbig Wi-er auszusprechen. Als Hauptgrund dafür macht dieser Autor geltend, daß der Inhaber des Namens sich selbst mit Johan Wier in den vier von mir (S. 162) skizzierten Briefen unterzeichnet habe.

Es scheint mir, daß der Einwand, welchen Haller gegen Wier machte, noch heute gilt. Wenn aber Weyer in jenen im damaligen niederdeutschen Dialekt geschriebenen Briefen sich Wier unterzeichnete, so ist das ein Grund mehr zu der Annahme, daß damals dieses ie wie ei ausgesprochen wurde, worauf auch die Umwandlung des altniederdeutschen wier in das heutige holländische vijver hinweist. Sprach man aber das Wier als Weier aus, so konnte unser Held, als er seinen Namen unter einen altniederdeutsch verfaßten Brief setzte, unmöglich anders denn Wier schreiben, geradeso wie ein heutiger Engländer, welcher Wise heißt, seinen Namen nicht Weise schreiben kann, denn jenes i wird im Englischen wie ei ausgesprochen. Weyer richtete in jenen Briefen die Form seines Namens nach der Aussprache der Provinz, in deren Dialekt er dieselben schrieb. In Nordbrabant, seiner Heimat, schrieb man Wier und sprach Weier, in Düsseldorf und Hambach sprach man Weier und schrieb auch so, damals wie heute den betreffenden Diphthongen mit ei bezeichnend.

Eschbachs Vorschrift, dieses Wier als Wi-er auszusprechen, ist ferner unausführbar. Wir kennen diese Zweiteilung des ie nicht, es sei denn, daß wir, wie in Gewieher, noch ein eh hinzufügen. Ohne das sagen wir gedehnt einsilbig: Trier, verlieren, Zier, vier, Bier u. s. w., und genau so müßten wir auch Wier sagen, ohne das Trennungszeichen anzudeuten. Die Aussprache Wi-er ist französisch, aber nicht deutsch.

Der große herzogliche Leibarzt wurde in Düsseldorf und sonstwo offenbar Weier genannt, was dann in der bekannten Weise (sein und seyn, Baiern und Bayern, Tirol und Tyrol) in Weyer überging und mit ihm abwechselte. Nicht nur auf dem Titelblatt des von mir besprochenen „Artzney-Buches" (1583) und am Schluß der Vorrede heißt er so, sondern so steht er als Kolumnen-Titel auf jedem der 230 Blätter rechts, also 115 mal. Und im Text der Vorrede schreibt der Verfasser an die Gräfin Anna zu Tecklenburg-Bentheim „... daß Eunwer Gnaden mir und meinem der Weyer Stammen vnnd Namen gewogen seyn" u. s. w.

---

*) Erster Band. 1886. S. 67—174.

Ich besitze ein juristisches Buch jener Zeit,³) herausgegeben sechs Jahre nach Weyers Tod von einem in Düsseldorf, wie die Vorrede das meldet, wohnenden herzoglichen Beamten. Das Buch ist, beiläufig gesagt, dem Herzog Johann Wilhelm gewidmet und in barbarischem Deutsch geschrieben. Es legt Zeugnis ab von der Verdummung, welche unter der Herrschaft jenes Fürsten in Düsseldorf blühte. Der Trierische Weihbischof Peter Binsfeld, einer der wüstesten Hexenrichter aller Zeiten, ist die Autorität, von welcher der bergische Jurist in seinem Leitfaden für die Praxis ausgeht. Auf Seite 6 nun dieser Schrift zählt der Verfasser die Autoren auf, welche über seine Materie geschrieben haben, und nennt dabei den „D. Johann Weyer."

Und wie der Vater, so schrieben sich und so wurden geschrieben der Bruder und die Söhne.

Vor mir liegt das in niederländischer Sprache gedruckte Buch des Matthias Weyer († 1560) „Gronbelicke Onderzichtinghe van veelen hoochwichtighen articulen" u. f. w. (vgl. meine Schrift S. 164) aus dem Jahr 1579. Auf dem Titelblatt ist der Verfasser nur mit den Anfangsbuchstaben M. W. bezeichnet, am Schluß der Vorrede aber heißt es Mathijs Wijer und ebenso am Kopf des Registers. Das ist also das heutige holländische ij in vijver und anderswo. Eine deutsche Übersetzung des Buches vom Jahre 1659 hat nur Weyer, und so nennt ihn auch Wolters in seinem C. v. Heresbach S. 155.

In der Bestallungsurkunde für Galenus als Vertreter des Vaters in der Stelle des Leibarztes, vom Herzog unterzeichnet am 31. Oktober 1578 auf Schloß Hambach, und gegengezeichnet von Paul Langer, einem der Geheimschreiber des Herzogs, steht: „ . . . thun kundt: Als wir die Erbarn unser lieben getrewen Galenum Weyer der Medicin Doctor, vor unserm Leibartzt in Dienst auf und angenommen . . . . . ."⁴)

In den Akten „Cleve-Mark und Ravensberg" des Staatsarchives in Münster⁵) wird der älteste Sohn Dietrich stets Weier

---

³) Diedrich Graminaeus (Licentiat der Rechte, fürstlich Bergischer General-Anwalt und Landschreiber), Inductio sive Directorium: Das ist: Anleitung oder underweisung, wie ein Richter in Criminal und peinlichen Sachen die Zauberer und Hexen belangendt, sich zu verhalten, und der gebür damit zu verfahren haben soll u. f. w. (Gedruckt zu Cölln 1594."

⁴) Nach einer mir gütigst von Geheimrat Dr. Harleß persönlich angefertigten Abschrift aus dem Lib. caus. Montens. 1562 sqq. sign. B. 34 f., fol. 263. Düsseldorfer Archiv.

⁵) L. Keller, Publikationen u. f. w. 1881. Bd. 9. S. 231 u. 232.

und niemals Wier genannt. Weyer schreibt dessen Namen ein moderner Geschichtsforscher,[6]) ungeachtet er ein Niederländer ist, denn die von ihm publizirten Akten haben ihn nur so. Am 31. Mai 1573 berichtet Dietrich von Wesel aus an die Grafen Johann und Ludwig von Nassau betreffs der Mittel, Harlem zu retten. Sie haben schon am 19. Mai zu Bedburg mit seinem Vater darüber beraten; dieser und Dietrich wollen betreffs einiger zu vertraulichen Sendungen auszuwählender Männer weiter sich umthun; was das Auftreiben von Geld für jenen Zweck im Herzogtum angeht, so hat Doktor Johann bereits an die beiden Grafen vorher berichtet. Dieses und viel mehr bringt der deutsche, zehn Oktav-Druckseiten starke Brief. Er ist unterzeichnet; „E. G. unterthenig williger Dietrich Weyer."

Am 1. Juni 1573 folgte ein zweiter Brief an dieselben Empfänger. Es sind Berichte und Betrachtungen über den niederländischen Krieg, neun Oktav-Druckseiten, unterzeichnet: „E. G. Unterthenig, williger D. Weier."

Am 22. Januar 1574 meldet W. Zuleger aus Heidelberg verschiedene Dinge dem Grafen Ludwig von Nassau, darunter, welche Einzelheiten „D. Weijer" in Frankreich erfahren habe.

Vom 25. September 1575 datiert eine in Straßburg unterzeichnete Quittung über Staatsgelder, beginnend: „Nous Dieterich Weyer Docteur-ès-Lois Gouverneur de Kayserlautern, et Pierre Beutterich Docteur-ès-lois et Conseiller de Mgr. l'Electeur Palatin, ayant recen commendement" u. s. w. Es ist recht bezeichnend, daß der Sohn unsers Doktor Johann, der in Frankreich so genannt wurde und noch wird,[7]) wie Eschbach vorschlägt, nicht einmal im Französischen seinen Namen anders als ganz deutsch schreibt, während sein Kollege mit dem echt französischen Namen Beutterich es sich nicht versagen kann, den biedern Peter in den stolzen Pierre umzuwandeln.

---

[6]) G. Groen van Prinsterer, Arch. ou correspond. inédito de la maison d'Orange-Nassau. 1. Reihe, 4. Bd. 1837. S. 133—152 und S. 328. — Ferner 5. Bd. S. 318.

[7]) Jean Wier, Histoires, disputes etc. Paris 1885. Neue Auflage der Übersetzung der Praestigia von 1568. Zwei Bände. — Auf S. IX heißt es übrigens: „Joannes Wierus ne s'appelait pas Wierus, ni même Wier, il s'appellait Weiher, ou Weier ou Woyer (car, au XVI° siècle, l'orthographie n'avait pas la fixité qu'elle a aujourd'hui)" . . . . .

Weyers Sohn Heinrich war mit Margarethe [a]) Bachofen von Echt vermählt. Zusammen mit seinen Schwägerinnen von Echt und den Schwägern (F. v. Echt, W. Scheuck und Ph. v. Brackel) stellte er, als Vormund seiner unmündigen Kinder, eine Vollmacht (Gewaldtbrieff) für einige Advokaten aus, die Familie am Reichs= kammergericht in Prozeßsachen zu vertreten. Der Act ist vom 3. Januar 1583 datiert. Der Sohn unsers Weyer wird eingangs Heinrich Weyer genannt, am Schluß Henrich Weier, und seine Unterschrift lautet Heinrich Weier. Die Schreibung Wier kommt nicht darin vor. Ich verdanke die Einsicht in eine genaue und beglaubigte Abschrift des Documents dem Herrn Adolf Bachofen von Echt, Realitätenbesitzer und Bürgermeister zu Nußdorf bei Wien. Das Original ist in Händen des Herrn Clemens Bachofen von Echt in Prag. Eine Ortsangabe finde ich in der Vollmacht nicht angegeben; sie müßte aber wohl Köln lauten, da die Unter= zeichner gemäß den Nußdorfer Familienpapieren alle in Köln wohnten. Heinrich Weyer heißt noch „Treirischer Churfürstl. doctor medicus" in der Vollmacht.

Weier unterzeichnete sich also der Sohn Heinrich noch bei seines Vaters († 1588) Lebzeiten. Hätte dieser seinen Namen so aus= gesprochen, wie Eschbach will, dann hätten die pietätvollen Söhne (vgl. die von ihnen verfaßte Grabschrift) doch wohl kaum zu einer davon abweichenden Aussprache gegriffen.

Herr Ad. Bachofen von Echt hatte die Güte mir noch folgendes zu übermitteln:

„Unter den bis jetzt gesammelten meine Familie betreffenden gegen 300 Urkunden finde ich 7, die sich auf Heinrich Weier beziehen. Nr. 1 [b]) lege ich bei. Nr. 2 aus dem Stadtarchiv zu Köln (Scabinorum Laurentii) vom 30. Juni 1578 führt Heinrich Weyer an. Nr. 3 (Scabinorum Sententiarum 1596—1634) vom 20. Juli 1592 hat sechsmal Weier. Nr. 4 (Scabinorum Laurentii 1591—1698) vom 20. Juli 1592 hat Weier. Nr. 5 (Scab. Laur.) vom 20. Juni 1592 hat Weyer. Nr. 6 (Scab. Laur.) vom 8. März 1597 hat Weier. Nr. 7 (Scab. Laur.) vom 8. März 1597 hat Weyer. Es kommt somit ausschließlich vor Weier und Weyer, nie aber Wier. Die mir vorliegenden Urkunden

---

[a]) Nicht Agnes, wie es bei mir S. 163 gemäß einer zusätzlichen Notiz der Elberfelder Abschrift von Teschmachers Vita heißt.

[b]) Vgl. den soeben gegebenen Auszug.

sind ziemlich alle in plattdeutschem Dialekte geschrieben, ebenso wie die Geschichte von de hillige Stadt Cöllen. Offenbar war das die damalige allgemeine Sprache in jener Gegend, und so wurde Dr. Johann Weier im Volksmunde nur Wi-er genannt, während sein wirklicher Name Weier war."

"Im Nachtrag zu meinem heute (24. August 1886) aufgegebenen Briefe teile ich Ihnen noch mit, daß ich soeben noch folgende vier Urkunden mit dem Namen W.'s gefunden habe, und zwar vom 2. April 1577 zweimal mit Weier, vom 26. November 1579 einmal mit Weier, vom 4. October 1580 einmal mit Weyer, vom 7. März 1602 dreimal mit Weier." Damit sind überall Heinrich, der Sohn unsers Humanisten, oder dessen Frau und Kinder gemeint.

Alles das dürfte doch wohl genügen, um uns über die Schreibung des Namens ins Klare zu setzen. Weier oder Weyer nannten sich Doctor Johann und seine Familie in Düsseldorf und Köln. Warum sollte gerade Düsseldorf den Namen Wier mit seiner mindestens unsichern und jedenfalls heute undurchführbaren zweisilbigen Aussprache anstreben? Warum sollten wir in Deutschland den Mann anders nennen, als er sich selbst bei uns während der 38 Jahre seines edlen Ringens und Wirkens genannt hat? Wenn die heutigen Holländer ihm ihren Namen des Seegrases (wier) beilegen und auf die piscina, ihren vijver, keine Rücksicht mehr nehmen, so erblicke ich darin nur eine der vielen unrichtigen Lautverschiebungen, wie sie in allen Sprachen vorkommen. Das kann aber keinesfalls, wie Eschbach meint, für uns, die wir im Besitz der traditionellen Schreibung Weier oder Weyer geblieben sind, als Grund gelten, von unserer rheinischen Erbschaft abzugehen, in der wir die frühere Aussprache des Wier niedergelegt finden. Und wäre es selbst bewiesen, daß die Niederländer des 16. Jahrhunderts dieses Wort Wi-er ausgesprochen hätten, so bliebe gleichwohl dessen durch seinen Eigentümer und Träger und die ganze Familie vollzogene Umlautung in Weier oder Weyer für uns zu Recht bestehen.

Nicht hier und da, wie Eschbach höchstens zugiebt, hieß er Weier, sondern regelmäßig.

Von den übrigen Punkten, in welchen Eschbach von mir abweicht, will ich nur einen kurz noch besprechen, es ist die Stellung Weyers zur Reformation. Eschbach glaubt nicht an die konfessionelle Wandlung des Mannes und meint, auch die Verweisung auf den

Index durch die Organe der römischen Kirche, wovon er vielleicht nicht einmal Kenntnis gehabt habe, sei für ihn nicht bestimmend gewesen; habe doch auch die protestantische Juristenfakultät zu Marburg sein Buch verbrannt.

Was zuerst die letzte Behauptung angeht, so habe ich mich vergeblich bemüht, einen Beleg dafür zu finden. Sie steht in dem von Eschbach S. 68 und 154 citierten Buch des Pseudonymus J. Albertus, desselben, der den Namen unsers Humanisten „Wein" schreibt. In diesem nämlichen Buch finden sich solcher kritiklosen Dinge mehr, so daß man doch wohl besser thut, dessen Mitteilungen nicht als Autorität anzusehen. Aber selbst wenn die Marburger Juristen auch wirklich so verbohrt waren, mit den Organen der römischen Kirche lassen sie sich nicht in Parallele stellen an Ansehen und Einfluß. Dort hatte Weyer nur ein kleines Stück einer Kirche, hier die große ganze wider sich; dort handelte es sich um die freigegebene Privatmeinung, hier um eine Maßregel eiserner Disciplin für Alle. Das Marburger Feuerchen konnte Weyer in seinem Herzen ignorieren, den katholischen Index nicht.

Betreffs der von Eschbach als möglich erklärten Unkenntnis Weyers über seine Verurteilung durch die Verfasser des belgischen Index, so ist eine solche kaum denkbar. Alba ließ, damit alle Welt davon erfahre, 1570 seinen Anhang zu dem Index von Trient in Antwerpen mit einem viersprachigen Edikte veröffentlichen. Weyer stand darin und kam von da in die übrigen, den römischen einschließlich, hinein. Zwischen dem Niederrhein und Antwerpen herrschten die engsten Beziehungen, der regeste Verkehr. Weyer interessierte sich für alles, was in den Niederlanden vorging, so stark, daß Alba ihn gerade um deswillen an Leib und Leben bedrohte. Und da soll ihm jenes vierfache Edikt und der Inhalt des Index unbekannt geblieben sein? Daß er in den Auflagen 5 und 6 (1577 und 1583) über die ihm angethane Unbill schwieg, läßt sich leicht in mehrfachem Sinne deuten; und daß er von seinen Äußerungen der vier ersten Auflagen nichts änderte — was Eschbach erwartet, falls Weyer von dem Index gewußt habe — ist bei einem solchen Charakter kaum anders denkbar. Ein Mann, der die Einsicht und den Mut hatte, gegen eine ganze Welt von Dummheit anzugehen, der die päpstlichen Bullen über das Hexenwesen und den in ihnen allen Widersachern des Wahns gedrohten Zorn sogar Gottes und der Heiligen mit Stillschweigen hinnimmt, der den Inhalt des unter päpstlichem und kaiserlichem Schutz veröffentlichten Malleus maleficarum ineptus, absurdus, saepe etiam impius nennt — in der ersten wie in der letzten Auflage — ein solcher Mann läßt sich doch wahrlich durch das Werk Albas und seiner belgischen Theologen und Mönche nicht imponieren, sondern schweigt über dasselbe und verachtet es, um so mehr, als er wußte, daß seine Einsprache doch ganz nutzlos gewesen wäre. Nutzloses zu unternehmen, dazu war er eine viel zu praktische Natur. Das scheint mir eher zu dem geistigen Bilde des unentwegten Kämpfers zu passen als Eschbach's Erklärung und Annahme.

Wie man schon 1580 jenen Brief Weyers an die Gräfin im römischen Lager ansah, scheint mir aus folgendem zu erhellen. Der Index von Parma[10]) aus jenem Jahr bringt unter anderm: „Medicina lib. stampato in Basilaea 1576 da Jo. Jacomo Wero; nel epistola del libro dimostra esser heretico e reprobato". Der Druck des ganzen Parma'schen Index ist — was auch Reusch hervorhebt — sehr ungenau. Hier haben wir vor uns das unrichtige Jacomo und Wero statt Wiero. Weil aber kein medicinischer Schriftsteller Werus existiert, so ist wohl unser Weyer gemeint, der seine lateinischen Sachen in Basel drucken ließ. Die Jahreszahl stimmt im allgemeinen ebenfalls, denn die erste Auflage der deutschen Übersetzung jenes Buches ist von 1580.[11])

Weyer brauchte in späterm Alter nicht viel, um bald ganz auf antirömischem Boden zu stehen. Bezeichnend dafür ist eine Stelle, welche sich in der 5. Auflage (1577) des Meisterwerks (wie Eschbach die Praestigia treffend nennt) und in der 6. Auflage findet, in den frühern, also bis 1568, fehlt.[12]) Sie bezieht sich auf Luther,[13]) der als Theologe in der Angelegenheit des Teufels-

---

[10]) Reusch, Die Indices libr. prohib. des 16. Jahrh. 1886, S. 588.

[11]) Wenn Eschbach S. 163 eine von Foppens gegebene Jahreszahl über Hoväus' Tod als Beweis für das Erscheinen von Weyers Arzneibuch vor 1568 anführt, so übersieht er, daß die Zahlen früherer Lexikographen außerordentlich häufig als unzuverlässig sich erweisen, seien das eigene oder nachgeschriebene Irrtümer, Schreib- oder Druckfehler; und daß besonders Foppens durch sein Urteil über Weyer (vgl. meine Schrift S. 82) dargethan hat, daß er nichts weniger als ein klassischer Zeuge ist.

[12]) Ich bemerke dabei, daß ich seit vorigem Jahre alle Auflagen des Buches vor mir hatte.

[13]) Vgl. meine Schrift S. 94, Anm., wo es sapientissimum (auf consilium bezogen) und nicht sapientissimi heißen muß.

bündnisses eines Studenten einen höchst weisen Rat gegeben habe; aber den Namen des Theologen unterdrücke er, weil einige Leute über ihn verdrießlich werden würden. Und sein Commentum de Martini Lutheri ortu daemoniaco (1568, 4. Auflage S. 302) ferner die Erzählung von der Besiegung eines Dämons durch Luther mit Bibelworten (daselbst S. 92) lassen bei aller Vorsicht in der Sprache die Sympathie mit dem Manne nicht verkennen.

Freilich war diese nicht so groß, daß sie sich auf die Dogmen erstreckt hätte. Es scheint mir, daß alle damaligen dogmatischen Spitzfindigkeiten Weyer gleichgiltig blieben. Dafür war er zu sehr Erasmianer, und dafür ging er auf in einer ungemein praktischen Bethätigung des Christentums.

Den Melanchthon nennt Weyer an letzt citierter Stelle doctissimus, und er bezieht sich auf ihn beim Wiedergeben einer Erzählung. Auch das deutet nicht hin auf Abneigung gegen die Reformatoren.

Und in der Vorrede zu dem Auszug der Praestigia, in der Schrift de Lamiis von 1577, redet Weyer den Grafen Arnold von Tecklenburg, den Sohn der Gräfin Anna, so an:

Tuae Celsitudini hoc nostrum scriptum, velut filum cujus ductu ex hoc labyrintho extricari secure queas, offerre volui. Eo autem tibi gratius id fore mihi persuadeo, quod optime in puriori doctrina Christi et vera religione institutus non tam facile te diabolicis machinationibus fallaciisque vel humanis etiam fraudibus dedas .... Adhaec quum in optimis sis enutritus disciplinis, de nostro hoc labore vel potius paradoxis tu doctus pronunciare certius poteris; talem profecto lucubrationum nostrarum censorem require et patronum.

Und vorher gingen die Worte:

Verum enimvero quum indormientibus huic studio posteris, Evangelicae veritatis lux rursus coepisset obscurari, nervum ille (Satanas) denuo nactus, variis technis et quibuscunque novis illusionibus Christi doctrinam pessumdare ... conatus est. Quae gravis tunc fuit ruina Ecclesiae, cujus tamen reliquias multos annos, sub densa licet caligine, conservare adhuc ex immensa misericordia dignatus est benignissimus Deus.

Eschbach sagt, es könne aus der Vorrede zu Weyers „Artzneybuch" auf eine konfessionelle Wandlung nicht geschlossen werden. Ich habe S. 160 meiner Schrift die betreffende Stelle mitgeteilt und halte sie für beweiskräftig. Wenn ein Mann wie Weyer öffentlich eine Familie darüber belobt, daß sie „Gottes Wort" und die „reformierte" Religionsform (in Tecklenburg, das heute noch protestantisch ist) eingeführt habe, wenn er diese Form „die reyne Lehr des heiligen Evangeliums und waren Gottesdienst" nennt, wenn er Gott anfleht, das Tecklenburgische Haus möge in diesem „waren Glauben" lange erhalten werden: so wüßte ich kaum, was an einem Glaubensbekenntnis noch fehlen sollte. Freilich, als er das drucken ließ, saß er fern von dem durch spanischen Einfluß römisch gebliebenen Düsselborfer Hofe auf seinem Landgut bei Cleve, unabhängig von den Rücksichten, die ihm früher aufgelegt waren. Damals allerdings nahm auch er eine Sonderstellung ein, aber ich glaube, diese hätte K. Krafft ihm wenigstens für das Greisenalter nicht angewiesen, — worauf Eschbach sich beruft — wenn der genannte kompetente Beurteiler das medicinische Buch des Humanisten, beziehentlich dessen Vorrede, gekannt hätte.

Eschbach hält folgende Stelle bei Weyer (lib. VI. cap. XVIII. Quomodo cum haereticis agendum, sententia Erasmi) betreffs seiner religiösen Stellung für höchst charakteristisch: „Si (error) dubius est, non est cujusvis theologi sed Romanae sedis potissimum, de articulis fidei dubiis judicare".

Es ist das nämliche Kapitel, worin Weyer klagt: „Nunc ad ignem pertrahitur, qui dubitet, an Romanus pontifex jus habeat in purgatorium". Holt man in dem Text ein wenig weiter aus, als es Eschbach (S. 137) gethan hat, so bleibt kein Zweifel über das, was Weyer mit jener Berufung auf den Römischen Stuhl sagen wollte. Die durch fanatische Mönche und Territorial-Herren überall ins Werk gesetzten Ketzerverbrennungen sollten eingestellt werden. „Quin et illud inspiciendum, an monachi jus habeant, ob quodvis delictum capitis poenam indicere. Tum illud etiam videndum, an principes volerint ob quemvis errorem, qui videri potest haereticus, hominem tradi flammis. Etenim si certus est error, nihil hic opus est theologis, quum tantum sit cognitio facti; si dubius est, non est cujusvis theologi sed Romanae sedis" u. s. w. wie vorher citiert. Das heißt mit fast denselben Worten: Es ist mir sehr fraglich, ob die Fürsten das Recht haben, einen angeblichen Ketzer verbrennen zu lassen; jedenfalls muß, wenn ein Zweifel betreffs der Ketzerei vorhanden ist, der Römische Stuhl zur Entscheidung angerufen werden und nicht das Gutachten einiger Mönche. — Und dieses Wort Weyers hat den gesunden Hintergedanken: Wenn erst für jede Hinrichtung eines angeblichen Ketzers in Rom muß angefragt werden, dann wird sich deren Zahl schon vermindern, soviel das eben heute angeht. „Jetzt," so heißt es weiter, „wird verhandelt von Mönchen als Anträger, Sachwalter (des Fürsten) und Richter, und zwar weder ernstlich noch gesetzlich. Zwei Mönche sind Zeugen, drei fällen das Urteil, und der Scheiterhaufen steht bereit."

Wie Weyer über die Thatsache denkt, daß von Rom aus das Ketzerverbrennen als zulässig erklärt und geübt wurde, erhellt aus den Worten des nämlichen Kapitels. Usque ad annos octingentos Christus neminem haereticum vult occidi, sed post illud tempus exorietur alia lex, ut exurantur — so läßt er einen Evangelisten zu Anfang der Kirche reden, nachdem er ausgeführt hat, damals habe man die Ketzer mit Erfolg durch Gottes Wort allein bekämpft, jetzt, da die Erde voll sei von berühmten Akademien, streite man gegen sie durch Prozeßartikel und Holzbündel. Welche lex mag er anders mit diesen Worten gemeint haben, als etwa den Ausspruch Leos X. in der Bulle Exsurge Domine von 1520 (Art. 33): Haereticos comburi, non est contra voluntatem Spiritus?

In solchem Zusammenhang scheint mir der Hinweis auf Rom keineswegs die Bedeutung für Weyers religiöse Stellung zu haben, welche Eschbach ihr beilegt. Weyer war ein praktischer Mann, und er wußte wohl, wenn er bei katholischen Fürsten und Massen etwas erreichen wollte, so hatte er ihren Empfindungen Konzessionen zu machen. Ohne die hätte er gar nichts erreicht, sondern von vornherein abstoßend gewirkt. Damit will ich freilich nicht sagen, Weyer sei schon vor Anfang der 70er Jahre ein Reformierter gewesen. Ich bin der Ansicht Eschbachs, daß er wie die andern Humanisten des Cleve'schen Hofes damals eine Mittelstellung einnahm, wenigstens äußerlich; aber der öffentliche Brief an die Gräfin Anna von Tecklenburg aus der spätern Zeit hat die Beweiskraft eines echten Dokumentes.

Mit Eschbach ist auch mir für die Wertschätzung des Mannes als eines der erleuchtetsten und wackersten Kämpfer gegen Wahn und Barbarei die Frage nach dessen konfessioneller Überzeugung ohne Belang; aber für eine genaue und objektive geschichtliche Zeichnung seines Wesens kann deren eingehende Sichtung und Beantwortung nicht entbehrt werden.

Das Kloster Reichenstein
von seiner Gründung bis zu seinem Untergange.
Eine Studie
von
H. Forst.

Es ist bekannt, welche große Rolle die geistlichen Institute in der Geschichte des Mittelalters gespielt haben. Sie waren nicht bloß Träger des religiösen und wissenschaftlichen Lebens, sondern auch, wenn man von den Bettelorden absieht, Inhaber eines bedeutenden Grundbesitzes, und hielten als solche einen beträchtlichen Teil der Bevölkerung in unmittelbarster materieller Abhängigkeit. Wer sich daher mit der Vergangenheit eines Territoriums eingehender beschäftigen will, kann sich der Aufgabe nicht entziehen, die Geschichte der einzelnen Klöster ebenso wie die der Ortschaften und der Dynastenfamilien so weit wie möglich zu verfolgen. In vielen Fällen sind wir dabei ausschließlich auf die Urkunden angewiesen. Aus diesen aber läßt sich hauptsächlich nur die äußere Geschichte des Klosters, die Geschichte seiner Besitzveränderungen feststellen; nur ab und zu findet sich ein Schriftstück, welches auf die inneren Verhältnisse des Konvents ein Streiflicht wirft. Von den in den Urkunden auftretenden Personen aber gar können wir, wo nicht Aufzeichnungen anderer Art hinzutreten, nur selten eine deutlichere Vorstellung gewinnen; in der Regel müssen wir uns mit dem bloßen Namen begnügen. In dieser Lage befinden wir uns auch bei dem Kloster, dessen Entwicklung hier skizziert werden soll.[1]

---

[1] Da die äußere Geschichte Reichensteins schon von Bärsch (Annalen des historischen Vereins für den Niederrhein, Jahrgang II., Heft 1, S. 63 ff.) erschöpfend behandelt ist, so gehe ich über die Gütererwerbungen kurz hinweg und hebe nur die Hauptmomente der Entwicklung hervor.

durch Kauf oder Schenkung zahlreiche Besitztümer. So auch Reichenstein. Um das Jahr 1250 hatte dieses Kloster außer den ihm anfangs überwiesenen Höfen schon Güter zu Etgendorf, Lipp und Königshofen. Besondere Wohlthaten erwiesen ihm dann die Dynasten von Montjoie und Valkenburg. Durch sie erhielt es den Zehnten zu Geleen (bei Sittard), sowie das Patronat der Kirchen zu Euchenheim an der Mosel und zu Opgeleen, letzteres speciell mit der Motivierung, daß dem Kloster dadurch die Kosten für Aufnahme und Verpflegung von Reisenden vergütet werden sollten. Im Jahre 1306 mußte Reinhold von Montjoie-Valkenburg den Nonnen für ein Darlehn von 70 Mark kölnisch eine Jahresrente von 30 Malter Weizen aus seinem Hofe zu Geleen verschreiben.

Im vierzehnten Jahrhundert scheint das Kloster den Höhepunkt seiner Entwicklung erreicht zu haben. Die Vergleichung der vorhandenen Urkunden gestattet uns, wenigstens in allgemeinen Umrissen ein Bild von seinem Zustande zu entwerfen.[4]) An der Spitze der Nonnen steht eine Meisterin. Sie besorgt die laufenden Geschäfte, ist aber bei wichtigen Angelegenheiten, z. B. Kaufverträgen, an die Zustimmung des Konvents gebunden. Neben ihr erscheinen in den Urkunden eine Priorin und eine Subpriorin, deren Amt wohl im wesentlichen die Handhabung der Disciplin war; sodann eine Küsterin, die (nach Analogie anderer Klöster zu schließen) speciell die Aufsicht über die Kirche gehabt haben mag. Endlich finden wir eine oder zwei Schwestern mit der Verwaltung der Pitantie[5]) betraut, d. h. gewisser Einkünfte, welche von Laien oder wohlhabenden Konventualen dem Kloster überwiesen waren, um zur Aufbesserung der Mahlzeiten verwandt zu werden. Wir finden eine solche Stiftung, aus deren Ertrag, wie die Urkunde bestimmt, den Nonnen Vier geliefert werden mußte.

---

[4]) Diese im hiesigen Königlichen Staatsarchiv aufbewahrten Urkunden, auf welchen die folgenden Ausführungen beruhen, sind meines Wissens noch ungedruckt.

[5]) Ueber die Herleitung dieses Worts vgl. Bärsch a. a. O. Die Einrichtung selbst, die unter verschiedenen Namen sich in zahlreichen Klöstern findet, hatte ihren Grund darin, daß die in den alten Ordensstatuten vorgeschriebene schmale Kost den gesteigerten Bedürfnissen der späteren Zeit nicht mehr genügte. Um nun nicht die zu anderen Zwecken bestimmten Einkünfte angreifen zu müssen, veranlaßte man Laien oder wohlhabende Konventualen, dem Kloster in obiger Form einen ständigen Verpflegungszuschuß zu stiften.

Die Insassen des Klosters gehörten wohl größtenteils ritterbürtigen Familien an. Wir finden unter ihnen die Namen Kleinegedanc, v. Kurtenbach, v. Kettenis, v. Pouvou, v. Schönheim, v. Deurabt, v. Walhorn, v. d. Hart, v. d. Berg, — also kölnische und limburgische Geschlechter. Was die durchschnittliche Anzahl der Konventualen betrifft, so haben wir nur unzureichende Nachrichten darüber. Bei der Gründung des Klosters werden, wie oben gesagt, vier Schwestern hineingesetzt; bei der Auflösung des Nonnenkonvents 1487 sind wieder nur vier vorhanden. Dagegen werden in einer Urkunde von 1371 fünf Schwestern namentlich und mit Bezeichnung ihrer Ämter aufgeführt, und wir dürfen mindestens noch einige Novizen dazu rechnen.

Als männlichen Beistand hatte die Meisterin einen Prior, der von dem Abte von Steinfeld gewöhnlich aus den Mönchen dieses Klosters ernannt wurde. Er versah diejenigen gottesdienstlichen Funktionen, welche dem Priester vorbehalten waren, d. h. er las die Messe, hörte die Beichte der Nonnen und spendete ihnen das Sakrament. Auch konnte er die Meisterin in der Verwaltung der Güter unterstützen und Rechtsgeschäfte für das Kloster abschließen, vorbehaltlich der Zustimmung des Konvents.

Die geistliche Aufsicht über Reichenstein führte, nach einer Bestimmung Erzbischof Dietrichs I. von Köln (1208—1212), der Abt von Steinfeld. Derselbe war überhaupt Vorsteher aller Prämonstratenser-Klöster in der westfälischen Ordensprovinz, zu der die ganze Eifel gehörte.

Wie weit die Thätigkeit der Nonnen über gottesdienstliche Übungen und die Bewirtschaftung ihrer Güter hinausging, vermögen wir nicht festzustellen. Urkundlich finden wir nur erwähnt, daß sie zur Aufnahme von Reisenden verpflichtet waren. Vermutlich haben sie sich auch mit Armen- und Krankenpflege befaßt. Von litterarischer Beschäftigung findet sich keine Spur.

Das Stilleben des Klosters wurde um das Jahr 1373 durch einen heftigen Streit mit dem Abt von Steinfeld gestört. Über den Ursprung des Zerwürfnisses können wir nur Vermutungen aufstellen. Wir wissen, daß die Abtei Steinfeld sich um die Mitte des 14. Jahrhunderts in schweren finanziellen Bedrängnissen befand.[6]) Ihre Güter waren großenteils verpfändet, und es ist ihr nur mit großer Mühe gelungen, die Schulden allmählich wieder abzutragen.

---

*) Mirac. Chron. p. 49. Bärsch, Kloster Steinfeld. S. 14 ff.

Wahrscheinlich hat nun der seit 1371 regierende Abt Gerhard Höningen von den untergebenen Klöstern, zu denen Reichenstein ja gehörte, Beisteuern verlangt und ist darüber in Streit mit den Nonnen geraten. Die letzteren erhoben Beschwerde bei Erzbischof Friedrich III. von Köln. Dieser gab ihnen Recht, ließ den Prior Nicolaus, der als Steinfelder Mönch vermutlich die Partei des Abts vertreten hatte, gefangen nehmen und nach Köln führen,[1]) entzog dem Abte die Aufsicht über Reichenstein und bestellte für letzteres einen eigenen Rektor oder Provisor. Dieser Zustand dauerte bis 1426, dann gab Erzbischof Dietrich II. dem Abte die Aufsicht zurück.

Der allgemeine Verfall des klösterlichen Lebens im 15. Jahrhundert ergriff auch Reichenstein. Wir sehen freilich nur das Resultat. Das Kloster geriet in Schulden und mußte deswegen 1463 seine Korngefälle zu St. Vith verkaufen. Im Jahre 1470 wurde es bei einer Fehde teilweise niedergebrannt. Zwar ließ die Herzogin Sophia von Jülich-Berg die Gebäude wieder aufbauen;[2]) aber dies half nichts. Der Abt von Steinfeld versuchte zu reformieren; da die Nonnen widerstrebten und die zu gottesdienstlichen Zwecken bestimmten Einkünfte verschwendeten, verhängte er 1484 den Bann über sie.[3]) Als auch dies nichts fruchtete, setzte er es bei Erzbischof Hermann IV. von Köln durch, daß 1487 das Nonnenkloster in ein Mönchskloster umgewandelt wurde. In Reichenstein befanden sich damals nur noch zwei ältere Schwestern und zwei Novizen. Die ersteren wurden mit bestimmten Einkünften auf Lebenszeit abgefunden, die beiden letzteren in ein anderes Kloster versetzt. Ein Prior, namens Christian Putzweck, und drei Mönche aus Steinfeld bezogen die leeren Räume.

[1]) Im Kopiar III des Klosters heißt es darüber: Postmodum magna est exorta contentio inter virgines et abbatem in Steinfeldt praetendentem nimis regimen et dominium quam sibi et antecessoribus ab archiepiscopis unquam commissum fuerat. Hinc archiepiscopus Coloniensis Engelbertus comes de Marca ob hos et alios casus enorme scandalosus D. Nicolaum professum Steinfeldensem anno MCCCLXXIII in praesentia Gerardi Hoeningen abbatis in Steinfeldt armata manu pro poenitentia Coloniae subeunda abduxit. Dieser Bericht irrt darin, daß er die Begebenheit unter Erzbischof Engelbert (1364-68) geschehen sein läßt, ist also jedenfalls erst längere Zeit nachher verfaßt. Daß Nicolaus Prior von Reichenstein war, erfahren wir an anderer Stelle.

[2]) Die Herrschaft Montjoie, in der Reichenstein lag, war nach langen Streitigkeiten im 15. Jahrhundert definitiv an Jülich gekommen.

[3]) S. Anhang.

Als Nonnenkloster hat Reichenstein etwas über 280 Jahre bestanden und in dieser Zeit 13 Meisterinnen und 16 männliche Prioren gehabt. Die durchschnittliche Amtsdauer der ersteren würde somit 21—22 Jahre betragen haben.

Die Umwandlung erwies sich zunächst als vorteilhaft. Es gelang den neuen Insassen, die Schulden abzutragen und den Besitz des Klosters durch Erwerbung neuer Güter zu vergrößern. Da brach im Jahre 1543 eine furchtbare Katastrophe herein, an deren Nachwirkungen Reichenstein noch lange leiden sollte.

Der junge Herzog Wilhelm von Cleve, Jülich und Berg hatte es im Vertrauen auf die Hülfe Frankreichs gewagt, seine Ansprüche auf die Erbfolge im Herzogtum Geldern mit Waffengewalt gegen Kaiser Karl V. zu verteidigen. Darum fielen im September 1542 kaiserliche Truppen aus Brabant in Jülich ein, verheerten viele Ortschaften und brannten u. A. den dem Kloster Reichenstein gehörigen Hof Roitzheim (bei Euskirchen) nieder. Der clevische Marschall Rossem, der mit französischem Gelde ein Heer geworben hatte, rächte sich durch gleich verheerende Streifzüge in den Niederlanden. Im folgenden Mai, 1543, gelang es zwar dem jungen Herzog, das brabantische Heer bei Sittard zu schlagen; aber schon am 24. Juni machte die kaiserliche Besatzung von St. Vith wieder einen Streifzug bis vor die Thore des Klosters, wobei die Höfe auf dem Nutz und Bretbaum zerstört wurden. Im August rückte der Kaiser selbst mit der Hauptarmee vom Rheine her in Jülich ein, und gleichzeitig drang von den Niederlanden aus der dortige Befehlshaber, Prinz René von Oranien,[10]) gegen Montjoie vor. Die Stadt wurde am Tage vor Mariä Himmelfahrt eingenommen; eine Streifschar kam nach Reichenstein, plünderte das Kloster und die Kirche und brannte alles nieder. Die Mönche mußten fliehen und froh sein, nur das nackte Leben zu retten. Das ganze Archiv des Klosters ging dabei zu Grunde.[11])

---

[10]) Sohn des Grafen Heinrich von Nassau-Dillenburg und der Prinzessin Claudia von Chalons und Orange. Von seinem Vater hatte er die niederländischen Besitzungen des Hauses Nassau, darunter Vianden und St. Vith, von seiner Mutter aber das Fürstentum Orange geerbt. Als er 1544 bei der Belagerung von St. Dizier fiel, gingen seine sämmtlichen Besitzungen auf seinen Vetter Wilhelm, den bekannten Befreier der Niederlande, über.

[11]) Der Bericht des Priors Johann Heep über diese Ereignisse ist abgedruckt in der Zeitschrift des Bergischen Geschichtsvereins Bd. XXII, S. 80.

Dieser Schlag ist für Reichenstein in so fern verhängnisvoll gewesen, als durch den Untergang der Urkunden der ganze Besitzstand des Klosters an Gütern und Rechten in Frage gestellt war. Fast nur aus dem Gedächtnisse konnte der Prior Johann Heep, dem wir die Erzählung von diesen Begebenheiten verdanken, ein Verzeichnis der Besitzungen zusammenstellen. Während sich um diese Zeit allerorts, und nicht zum wenigsten in den geistlichen Instituten, ein lebendiger Sinn für die historische Erforschung der eigenen Vergangenheit regte, mußte die ganze Thätigkeit der Reichensteiner Mönche darauf gerichtet sein, durch Erwerbung neuer Privilegien und Güter ihrem Kloster wieder eine materiell gesicherte Stellung zu verschaffen.

Das letztere ist ihnen allerdings gelungen. Das Kloster wurde wieder aufgebaut und scheint die folgenden schweren Zeiten, namentlich auch den dreißigjährigen Krieg, leidlich überstanden zu haben. Im Laufe des 17. und im Anfang des 18. Jahrhunderts erhielt es namentlich von den Fürsten aus dem Hause Pfalz-Neuburg manche Zuwendungen, auch wurde ihm im Jahre 1701 die neuerrichtete Pfarrei zu Höven, und 1713 die zu Eicherscheid inkorporiert. Außerdem ward es nach langen Verhandlungen 1714 vom General des Prämonstratenserordens zu einer Propstei erhoben, wodurch es in eine freiere Stellung zu Steinfeld kam. Es zählte um diese Zeit außer dem Propste 17 Professen, einen Laienbruder und einen Novizen. Man kann diese Epoche daher als die zweite Blütezeit Reichensteins bezeichnen.

Über die weiteren Schicksale des Klosters bis zu seiner Aufhebung können wir bei dem Mangel an Material wenig sagen. Im Verzeichnis der Pröpste kehren bei den einzelnen Namen immer dieselben lobenden Redensarten wieder; nur über den Propst Michael Keßler (1746—1770) findet sich ein vorsichtiger Tadel ausgesprochen. An anderer Stelle erfahren wir, daß derselbe manche Güter des Klosters verschleudert habe.

Das Vordringen der französischen Revolutionsarmeen gegen den Rhein brachte auch den Reichensteinern schweren Schaden. Nach dem Lüneviller Frieden 1801 hob die französische Regierung das Kloster auf und ließ seine Besitzungen versteigern. Die Bestände des Archivs kamen nach Aachen und später in das hiesige Königliche Staats-Archiv, jedoch nicht ohne vorher beträchtliche Verluste erlitten zu haben.

Anhang.

Abt Meinhard von Steinfeld verhängt den Bann über die Nonnen zu Reichenstein. 1484, 24. April.*)

Wir Reynart van Gotz gedoult abt zo Steinvelt ordins van Premonstry welsch gestychts schryven uich lieffsten ind geistlichen doechtern in Christo unss cloisters zo Richstein unsse veederliche groiss ind heil in goede. So assdan in vurloeden jairen etzliche visitatie van mynen lieffen erwerdigen hern Jehan abdt seliger gedechtnisse geschiet iss ind ouch zo vyll maillen mandaet uiss geschickt ind het doin gebeden yr uich zo der hilgen reformatien ind goetlichen leeffen in gehorsamhet geven ind an uich nemen woeldt, dess selven glichnisse wyr kurtz he bevoeren unsen keller hern Symon zo uich geschickt hain zo visitiren ind zo geschn wie uns lieffen in der geistlichet ind in der hilgen gehorsamhet gehalden werd ind vort desselven glichnisse in dem wereelichen regiment gehandelt ind regiert werde, verneemen wyr anders nyt dan yr in allen sachen, die Got, die geistlichet ind unssen orden aentreffende, widderstrevich ind ungehorsam gewest ind noch syt ind vort die hilge almussen rente und gnede, zo der hilgen stat geforgt synt, yr iwichlich ind verdoenlich verbrengt ind affhendich gemacht werden, wilche ungeburlichen ind ungotlichen ind andern vyl me geschychten deegelichs van uich vurgenoemen werden, wyr gerne widderstant ind widder syn willen ass unss dat van veederlicher macht ind ordinsrecht geburt. Ass wyr dan in unssen statuten und ordins rechten beschroven vinden dat all ungehorsam geistliche personen in dem banne synt ind nyt wirdich entcheewerdich zo syn off in yrme biwesen dat ampt der hilgen missen off eynchen andern gotzdienst zo doin, umb der ind me sachen vurschreven han wyr hern Johann uirme prior muntlichen verboeden ind verbeeden uffermitz disse entcheenwerdiche schryfft under pönen der hilgen gehorsamheit gheine missen, gheine sacramenten noch gheinen gotzdienst doin eirsall biss zor zyt die gnade Gotz in uich

*) Nach der Abschrift im Kopiar des Klosters. Band II.

wircken wyrt, yr uich bedenckt ind affloist van dem ungotlichen ungeburlichen vurleeden leeven ind geefft nich zo eime gotlichen geistlichen leeven ind gehorsam syt uiren oversten zo leeven in der hilger reformation, uiren orden na ordins recht zo draegen ind zo halden aes yr dat in uire profossien offenberlich geschwoeren ind geloefft hat Goede ind uiren oversten zo halden die dry geleuffden die all geistlichen lude schuldich synt ind halden moissen, sullen sy nae diesem leeven by Gott komen, ind dar nac geloefft hait zo leeven nae der regulen unss hilgen vaderss sent Augustinis ind den statuten unss ordins ind enboeven all in eyndrechtichet in goede minnen ind lieffden, sunder tzweidrechtichet nich nuder anden verdragen, wilche vurschreven geloeffden ind punten myt all ghein van uich gehalden wyrt, darumb wyr Got unsse sele ind reformatio anseen ind uich bannich halden moissen, dat wir doch nyt gerne doin, ind woelden nyt noet wer, kenne der almechtighe dem nist verborgen iss. Geven under unsser abdien siegel unden up spaen diss mandaet gedruckt, Anno Domini MCCCCLXXXIIII. XXIIII. die mensis Aprilis.

Die St. Sebastianus-Bruderschaft zu Ratingen.

Von
Dr. H. Eschbach.

Die Geschichte der mittelalterlichen Schützengilden, welche in gleichem Maße den Freund der Kulturgeschichte und den der Rechtsgeschichte interessieren, deren authentische, von den Pritschenmeistern in Reimsprüchen oder in Prosa verfaßten Festberichte jedem Kenner der deutschen Litteraturgeschichte wertvoll sind, ist schon längst in großen Zügen von Meisterhand skizziert worden.[1]) Auch für eine eingehende quellenmäßige Darstellung liegt bereits ein reichhaltiges Material vor in den zahlreichen Einzeluntersuchungen über die Schützengesellschaften bestimmter Städte. Nur sind bis jetzt einseitig gewisse Territorien, vor allem der Süden Deutschlands berücksichtigt worden; speciell hat der Niederrhein bislang zu wenig Beachtung gefunden. Zur Erforschung auch der Schützengilden seiner Städte möchten die folgenden Zeilen über eine Ratinger Schützenbruderschaft von neuem anregen.

Urkundlich wird die Existenz Ratinger Schützen zuerst bezeugt in einer aus dem ersten Viertel des 15. Jahrhunderts stammenden Rentenrolle der St. Joboci-Bruderschaft zu Ratingen.[2]) Aus der

---

[1]) Vgl. z. B.: Ludw. Uhland, Zur Geschichte der Freischießen, in seinen: „Schriften zur Geschichte der Dichtung und Sage", Stuttgart 1866. Bd. 5. S. 293 ff. G. Freytag, Bilder aus der deutschen Vergangenheit Bd. 2. Abth. 2. S. 298 ff: „Die Waffenfeste des deutschen Bürgers." Gengler, Deutsche Stadtrechtsaltertümer. Erlangen 1882. S. 469 ff. Exkurs IX: „Die Schützenbrüderschaften."

[2]) Kessel, Geschichte der Stadt Ratingen mit besonderer Berücksichtigung des ehemaligen Amts Angermund. Bd. II: Urkundenbuch. Köln und Neuß 1877 Nr. 53. S. 63 a. E.

kurzen Bemerkung daselbst: „Item synt Joest heydt VI alb. erfolych van den alden schutten" geht zugleich hervor, daß Ratingen damals schon zwei Schützenvereinigungen mit mehr oder minder ausgeprägtem korporativen Charakter, nämlich „alte" und „junge Schützen" besaß; das „alden" ist epitheton necessarium, nicht ornans. Im Laufe des 15. Jahrhunderts haben beide sich dann zu anerkannten, selbständigen städtischen Genossenschaften ausgebildet, deren Satzungen, vom Geiste der mittelalterlichen Gilde durchweht, neben dem ursprünglichen militärischen Zweck nunmehr auch das sociale und religiöse Leben der Mitglieder umspannen.

Eine Urkunde des 16. Jahrhunderts, welche die von den Ratinger Brüderschaften zu entrichtenden Armenabgaben aufzählt, berichtet, daß durch die alten Schützen: die St. Sebastianus-Bruderschaft, durch die jungen Schützen: die St. Jöris-Bruderschaft gehalten wird.[3])

Von der jüngeren und offenbar auch unbedeutenderen St. Jöris-Bruderschaft, deren Organisation und Thätigkeit derjenigen der Sebastianusschützen ähnlich gewesen sein wird, wissen wir fast nichts. Das Fest ihres Patrons, des hl. Georg, beging sie am 23. April alljährlich durch eine kirchliche Feier.[4]) Einige Anhaltspunkte haben wir nur für die Dauer ihres Bestehens. Im Jahre 1634 werden noch neben einander die „alten und jungen schutzen zu Ratingen" von dem Landesherrn besoldet;[5]) auch das bis ins 18. Jahrhundert fleißig nachgetragene Memorienbuch der Ratinger Pfarrkirche hat zu der auf den 23. April dort verzeichneten Feier des Patronsfestes noch kein „cessat" vermerkt. Dagegen ist im Jahre 1807 die St. Jöris-Bruderschaft schon seit längerer Zeit eingegangen. In einem Berichte des Magistrats zu Ratingen vom 3. August 1807 über die dortigen Schützengesellschaften werden nämlich als solche nur „Sebastians- und Bürgerschützen-Kompagnien" erwähnt, welche „bis jetzt immer von einander abgesondert bestanden" hätten.[6])

---

[3]) Kessel, a. a. O. Nr. 195 S. 260 unter 5 u. 6.

[4]) Liber memoriarum Ecclesiae parochialis Ratingensis: „April. 23. S. Georgii Mr. Canitur Sacrum pro Confraternitate." (Kessel, a. a. O. S. 344.)

[5]) Lagerbuch von Angermund fol. 26 bei: von Below, die landständische Verfassung in Jülich und Berg bis zum Jahre 1511. Düsseldorf 1885. Th. I. S. 47. Anm. 168.

[6]) Crecelius, die bergischen Schützenfeste im 17. Jahrhundert. In: Ztschrft. des Berg. Gesch. Ver. Bd. X Nr. 8. S. 79.

Liest man nun in dem alten Protokollbuch der St. Sebastianus-Bruderschaft,¹) daß ihr Silberschatz, dessen Stücke alljährlich bei der Überlieferung an den neuen Brudermeister genau inventarisiert werden, im Jahre 1755 sich um ein „St. Georgii-Schildt" vermehrt hat, so dürfte hieraus unter Berücksichtigung obiger Daten und der weiteren Thatsache, daß die in obigem Magistratsbericht erwähnte Bürgerschützen-Kompagnie 1749 von ausgeschiedenen Mitgliedern der St. Sebastianus-Bruderschaft gegründet worden war, der Schluß gestattet sein, daß die St. Jöris-Bruderschaft 1755 sich mit der St. Sebastianus-Bruderschaft verschmolzen und dieser dabei ihr Symbol, das Schild ihres Patrons, zugebracht hat. Vielleicht hatte grade jene zur besonderen Pflege des Scheibenschießens neu errichtete Bürgerschützengesellschaft ihr nicht nur Mitglieder, sondern auch die ganze Bedeutung entzogen.

Die von den alten Schützen gebildete St. Sebastianus-Bruderschaft hat uns ihre ältesten Satzungen in einem Gildebrief vom 23. Juni 1433 aufbewahrt. Derselbe lautet:²)

Wyr burgermeyster scheffen ind rayd der stat zo Ratingen doyn kund allen luden ind bekennen offentlychen onermytz // desen offenen brieve, dat vur unss gekomen synt die schutten bynnen unsser stat Ratingen³) vurg. ind huynt myt unssem // meda ind wyllen eyne loveliche bruederschaff gemaycht ind bestedigct in godes loyff ind

---

¹) Protokollbuch, in Pergament gebunden, bestehend aus 139 Blättern, beginnend mit dem Jahre 1746, endigend mit 1844 (im folgenden mit P bezeichnet) im Besitz der St. Sebast. Brdschft. fol. 8. Protokoll vom 20. Januar 1756. — Vieles erst in diesem Protokollbuch Aufgezeichnete stellt sich als althergebrachter Brauch dar.

²) Nach dem im Besitze der St. Sebast.-Brdschft. befindlichen Original. Dasselbe ist auf unregelmäßig zugeschnittenem, 32 cm langen und 22 cm breiten Pergament geschrieben, welches der ganzen Länge nach von einem, und der ganzen Breite nach von 2 Faltenbrüchen durchzogen ist, und an dessen rechtem Rande in dem Längsfaltenbruch ein Stück, teilweise beschrieben, fehlt; desgleichen fehlt Schnur nebst Stadtsiegel, der untere Rand zeigt für erstere einen Einschnitt. Bei der Wiedergabe wurden die von der Gesellschaft für Rhein. Geschichtskunde aufgestellten „Bestimmungen über die Herausgabe haudschriftlicher Texte" (vgl. Annalen des histor. Vereins für den Niederrhein, Heft 41. S. 72 sq.) befolgt. — Derselbe Gildebrief ist abgedruckt bei Kessel a. a. O. S. 67 Nr. 56: „Stiftungsbrief der Schützen-Bruderschaft zu Ratingen." Sein Abdruck zeigt einerseits kleinere Abweichungen von meiner Vorlage, andererseits stimmen die Lücken desselben zu den beschädigten Stellen der letzteren. Hat er eine andere Vorlage des jedenfalls doppelt (für Stadt und Gilde) ausgefertigten Gildebriefs benutzt?

³) Kessel: Ratyngen.

yn ere des gueden Sente Sebastianus des heylgen merteleres in alsulchen vurwerden: So dat eyn yetlich broder deser broderschaff alle jair up Sente Sebastianus dach vyren sal ind up den selven dach sullen die vurg. schutten dry myssen doyn halden yn godes loyff ind yn ere des gueden Sente Sebastianus ind yn troyst[10]) ind heyl alle der seylen, die nyt deser schutten broderschaff vervaren ind vervaren[11]) synt, byss also lange dat god dese vurg. schutten broderschaff geseliget, dat sy mer myssen ind mer guden werke doyn halden. Ind asdan[12]) up den vurg. Sente Sebastianus dach sal eyn yetlich broder in der kyrchen syn ind blyven byss die myssen uysse ind gedayn syn. Vortmer weir ymans die[13]) deser vurg. schutten broderschaff begerde ind gesonne, die[14]) myt desen vurg. schutten schieten woilde, den dan die ghemeyne hoyp duchte, dat yn neyt nutte en were under yn umb eynicher[15]) saichen wyllen, as vere sy yt brechten an den burgermeyster ind syne gesellen ind underwesen sy des, die sal dar buyten blyven. Anders so en sall men nyemans der vurg. schutten broderschaff weygeren. Ind die ouch neyt myt schieten en woilde, die en soilde ouch der schutten kogelen gey[n] dragen. Vortmer so wie eyniches[16]) jairs den papegayen neyt mede en schoete, id en dede dan heren off lyffs noede, d..[17]) en soilde neyt mer myt schieten, doch mochte hie die broderschaff behalden off hie woilde. Vortmer up wat dag. des jairs die schutten den papegayen[18]) schieten wyllen ind eyns werden, so sullen[19]) der schutte kogelen[20]) alle ... syn dat men sy dan up sette. Ind wie[21]) syne kogele dan over gevo, eer dat jair umb weire, den sal men .... eynen swairen[22]) rynschen gulden. Vortmer so sal[23]) eyn yetlich broder, die[24]) myt schieten wyl syn eygen armburst [hayn] ind vort ander schutte getouwe[25]) ind dat rustich halden dat yt neyt to strayffene en sy. Vortmer so wie de ....[26]) schutten broderschaff wynnen ind myt schieten wyl, die[27]) sal sy wynnen myt veyr schillingen braban[28]) ind myt [twey] punt waysses. Ind wie sy wynen ind neyt myt schieten wyl, die[29]) sal sy wynnen myt veyr schillingen brab. ind myt eyme punt waysses. Vortmer so wanner eynich broder off eynige[30]) suyster uyt deser vurg. schutten broderschaff styrfft, dente sal men yre kyrtzen styken, ind as men dan begheyt[31]) den broder off suyster, so sal eyn yetlich broder in der kyrchen syn ind blyven aldar byss hie begangen ys. Ind weme die schuttenmeyster[32]) doynt gebeden ind dat geboet ind dese vurg. punten neyt en helt, wie dycke dat dat eynich breke, hie en dede yt myt otrloyve, so man-

---

[10]) K.: troist. [11]) K.: verstoruom. [12]) K.: alsdan. [13]) K.: de. [14]) K.: de. [15]) K.: eyncher. [16]) K.: eynches. [17]) K.: die. [18]) K.: papageyen. [19]) K.: sollen. [20]) K.: schutten kogele. [21]) K.: were. [22]) K.: swaren. [23]) K.: sall. [24]) K.: de. [25]) K.: getruwe. [26]) Loch im Pergament. K. ergänzt: selve. [27]) K.: de. [28]) K.: brab. [29]) K.: de. [30]) K.: eynlg. [31]) K.: begheydt. [32]) K.: schutten moyster.

nige twe schillinge braken,¹³) sal hie gebruckt haven ind des en sal men yme neyt layssen. Ind weir saiche dat ymans van den schutten bruckich¹⁴) wurde in eynichen punten as vurg. ys, so sullen die schuttenmeyster gayn an den burgermeyster ind gesynnen des boeden van¹⁵) yme, dat die bruyche nytgepant werden. Ind die boede sal yn dan die bruyche nytpenden sunder ymans wederrede off wederdoyn. Ind weir dan saiche, dat die schuttenmeyster¹⁶) des neygt en deden, so mogen tweyn van den schutten die bruyche den schuttenmeysteren aff penden myt den vurg. stat boeden. Ouch so en sal men geyne pende langer halden dan achte¹⁷) dage lanck. Ind alle die bruyche die dar vallen ind komen van desen vurg. schutten, die sullen alle komen yn behoyff deser vurg. schutten broderschafft. Sunder alle argelyst. Ind dyss zo oirkunde ind getzuge der wairheit so have¹⁸) wir burgermeyster scheffen ind rayd der stat Ratingen¹⁹) vurg. unsser stat segel an desen brieff gehangen. Datum anno domini millesimo quadringentesimo tricesimo tercio in vigilia sancti Johannis Baptiste.

Wenngleich diese Urkunde nicht ausdrücklich auf ein schon längeres Bestehen der Bruderschaft Bezug nimmt, ist dieselbe doch wohl nicht erst als „Stiftungsbrief" (Kessel), sondern vielmehr als eine Erneuerung und Bestätigung (bestediget) der alten Satzungen derselben anzusehen. Ratingen erhielt, wie später Düsseldorf nach der siegreichen Schlacht von Worringen, in der Zeit der Fehden des Grafen Adolf VII. von Berg mit dem Kölner Erzbischofe Siegfried von Westerburg 1276 Stadtrechte und damit die Pflicht zur Befestigung. Es sollte als neuer fester Platz die Sache des bergischen Grafen schützen. Erbat und erhielt die junge Stadt vom Grafen Adolf bald darauf 1277 eine besondere Accise zur Fertigstellung der Stadtmauern,⁴⁰) so wird sie gleichzeitig auf die Ausbildung einer waffentüchtigen Mannschaft zur Verteidigung dieser Mauern bedacht gewesen sein. Werden nun in der obengenannten Rentenrolle im ersten Viertel des 15. Jahrhunderts die Ratinger Schützen schon als rentenpflichtig und die alden schutten benannt, so werden wir in der Annahme nicht fehlgehen, daß die alten Sebastianusschützen im 14. Jahrhundert entstanden sind und bei der Belagerung Ratingens durch die Kölner unter ihrem streitbaren Erzbischof Friedrich von Sarweden im Jahre 1404 schon

---

¹³) K.: brab. ¹⁴) K.: brucklich. ¹⁵) K.: von. ¹⁶) K.: schutten meyster. ¹⁷) K.: acht. ¹⁸) K.: haven. ¹⁹) K.: Ratyngen.
⁴⁰) Kessel a. a. O. Nr. 11. S. 13. Der obengenannte Zweck der Accise erhellt aus den ihre Beendigung angebenden Worten: „Firmata autem et edificata civitate sua . . ."

auf den Mauern der Stadt gekämpft haben.⁴¹) Zu Anfang des 15. Jahrhunderts lebten die bergischen Schützengilden unter der Regierung des ihnen günstig gesinnten Herzogs Adolf neu auf, und damals fixierten sie ihre traditionellen Satzungen schriftlich. Wie deshalb die Sebastianusschützen der jüngeren Stadt Düsseldorf in ihrem Gildebrief vom 20. Januar 1435⁴²) ausdrücklich erklären, daß sie ihre alte Bruderschaft („als wir die in vurtzyden gehalden gehat haven") nur „vernuwen vnd beuestigen," so stellt auch der obige Gildebrief von 1433 nur eine Erneuerung der schon vorhandenen „Schutten bynnen unsser stat Ratingen" dar, deren Gesellschaft vielleicht jetzt nur eine mehr korporative Gestaltung annahm.

Nach jenem Gildebrief von 1433 konnte jeder Unbescholtene Mitglied der Bruderschaft werden. Anfangs beschränkte sich die Mitgliedschaft wohl auf die Binnenbürger der Stadt; später finden wir auch Außenbürger, Bewohner der Vorstädte als „auswärtige" Brüder in der Bruderschaft.⁴³) So groß war das Interesse der Stadt an einer möglichst starken Anzahl zu ihrer Verteidigung berufener Schützen, daß selbst Stimmenmehrheit der Bruderschaftsmitglieder nicht dazu berechtigte, einem Bürger die Aufnahme zu verweigern. Entstanden bei der Aufnahme irgend welche Bedenken über den Ruf oder die Brauchbarkeit eines die Mitgliedschaft Begehrenden, so mußten erst Bürgermeister und Rat in dieser Sache angegangen werden, bei diesen stand die Entscheidung.

Die Mitglieder zerfallen in aktive und inaktive, jenachdem sie „myt schieten" oder „neyt myt schieten". Mit 4 Schilling brab. und 2 Pfund Wachs muß sich einkaufen, wer aktives, mit 4 Schilling brab. und 1 Pfund Wachs, wer inaktives Mitglied werden will.

---

⁴¹) Hamelmann, Opera geneolog.-histor. de Westphalia et Saxonia inferiori. Lemgov. 1711. pag. 502 sq.: „Senatus igitur facta confoederatione cum suo episcopo Frederico de Sarweden bellum Bergensi duci et isti Domino Arnoldo (de Oest) indixere anno 1404 ... quorum insultus fortiter sustinuit Adolphus ut erat animosus. Nam etsi suburbanas domos oppidi Rattingensis et castrum Domini Arnoldi de Oest et vicinos pagos exurerent, tamen oppidum non ceperunt."

⁴²) Abgedruckt bei Fahne, Forschungen auf dem Gebiete der Rheinischen und Westphälischen Geschichte. Bd. 1. Heft 2. Köln, 1864. S. 95 fg. — Vgl. auch Scholten, die Stadt Cleve. Cleve 1879. S. 559.

⁴³) P. fol. 98vo, 64vo.

Als Festtag für die Bruderschaft gilt der 20. Januar, der St. Sebastianustag. Ein jeglicher Bruder muß an diesem Tage die Arbeit ruhen lassen, vyren, und den drei Messen beiwohnen, welche die Bruderschaft (einstweilen — „bis Gott sie beglückt habe, mehr Messen und gute Werke thun zu können") zum Lobe Gottes, zu Ehren des Patrons und zum Seelentrost der verstorbenen Brüder lesen läßt. Wie fast alle Schützengesellschaften, so besaß auch unsere Bruderschaft in der Sakristei der Pfarrkirche zu Ratingen ihren eigenen, dem Schutzpatron geweihten Altar.⁴⁴)

Eine weitere Verpflichtung für sämtliche Brüder besteht darin, daß sie beim Tode eines Bruders oder einer Schwester mit brennenden Kerzen die Leiche zum Friedhof geleiten⁴⁵) und den Exequien, dem „Begängnis" in der Kirche, beiwohnen müssen.

Den Kern der Bruderschaft bilden die aktiven Mitglieder, die eigentlichen Schützen. Sie allein dürfen das allgemeine Ehren- und Abzeichen des deutschen Schützen, die Kogel,⁴⁶) die Gildenkappe tragen. Jeder von ihnen muß seine eigene Armbrust besitzen und das sonstige nötige Schützengeräte (ind vort ander schutte getouwe⁴⁷) und diese Ausrüstung bei Vermeidung von Strafe stets in brauchbarem, kampfbereitem Zustande erhalten.

Die eigentliche Schießstätte, auf welcher die Schießübungen das ganze Jahr hindurch stattfanden, war die „Schützenbahn." Sie lag dicht an der Stadtmauer, bei dem „dicken Turm" hinter dem heutigen katholischen Krankenhause. Alljährlich im Sommer fand dann an einem von der Bruderschaft näher bestimmten Tag außerhalb der Stadt vor dem Bechemer Thore am sog. „Schützenbruch" das Schießen nach dem Papagei, das festliche Vogelschießen, statt. Jedes aktive Mitglied, so bestimmt der Gildebrief weiter, muß, mit der Kogel auf dem Haupte, daran teilnehmen;

---

⁴⁴) Kessel a. a. O. S. 337 zum 18. Januar: „Dominica ante Fabiani et Sebastiani est Dedicatio altaris et Capellae in armario consecrati Deo in honorem S. Martini Epci et S. Sebastiani M." — armarium- Gerkammer, Sakristei.

⁴⁵) Später wird bestimmt, daß 8 Fackeln die Leiche eines Bruders begleiten sollen.

⁴⁶) Kogel (ahd. kugula, cugel, gugel): ein Kopf, Hals und Schultern bedeckendes, selbständiges Kleidungsstück, welches früher als Kapuze am Mantel befestigt war.

⁴⁷) Die Kessel'sche Lesart: getruwe (getreu?) giebt kaum einen, jedenfalls einen schlechteren Sinn.

wer, ohne durch Kriegszug oder Krankheit verhindert zu sein, nicht mitschießt, verliert zur Strafe die aktive Mitgliedschaft, kann aber inaktives Mitglied bleiben. Wer vor Jahresablauf seine Kogel abgiebt, d. h. sich seiner aktiven Dienstpflicht entledigt, bezahlt einen schweren rhein. Gulden als Strafe.

An der Spitze der Bruderschaft finden wir nach dem Gildebrief von 1433 die Schützenmeister. Jeder Ungehorsam ihren Anordnungen gegenüber wird mit 2 Schilling brab. geahndet. Zwecks Beitreibung dieser und sonstiger Geldstrafen haben die Schützenmeister sich an den Bürgermeister zu wenden, welcher den Stadtboten zur Vornahme der nötigen Pfändungen zur Verfügung stellt. Für die strikte Eintreibung der Geldgefälle haften die Schützenmeister mit ihrem Vermögen: zeigen sie sich nämlich in diesem Punkte säumig, so lassen 2 Mitglieder der Bruderschaft durch jenen Boten die Strafe bei den Schützenmeistern selbst auspfänden. Alle Strafgelder fließen in die Kasse der Bruderschaft. Wie sich aus späteren Belegen ergiebt, wurden aus dem einkommenden Wachs, welches zur Strafe für kleinere Vergehen geliefert werden mußte, Kerzen für den Altar des St. Sebastianus verfertigt.

Wenn auch dieser Gildebrief von 1433 im Verhältnis zu Gildebriefen anderer z. B. der Düsseldorfer und Clever Schützengilden[48]) arm an Einzelbestimmungen ist, so darf daraus doch kein Schluß zu Ungunsten des frischen und lebendigen Treibens der Ratinger Gilde gezogen werden.

Das in dem Gildebrief berührte Verhältnis der St. Sebastianus-Bruderschaft zu Bürgermeister und Rat erklärt sich aus der allgemeinen Stellung der Schützengilde innerhalb der Stadt. Wie die Stadt mit Hülfe einer Reihe ihr eigens zu diesem Zweck verliehener Accisen ihre Mauer vollendete,[49]) so galt ihre weitere Sorge der Heranbildung einer Mannschaft, geübt, sie mit der Armbrust von den Mauerzinnen herab zu verteidigen.[50])

[48]) Für Düsseldorf: Fahne a. a. O. S. 95 fg. u. 101 fg. Für Cleve: Scholten, a. a. O. S. CXV Nr. 76.

[49]) Kessel a. a. O. Nr. 11. 50. 60. 64.

[50]) Vgl. Gengler a. a. O. S. 470. — Zur Erklärung der Bedeutung und Stellung der mittelalterlichen deutschen Schützen kann auch auf die heutigen Verhältnisse in Holland und Belgien verwiesen werden, wo die Schutterijen, Bürgerwehren, teils noch an einer Anzahl Exerciertagen im Jahre militärisch geübt werden, und teils jährlich ihr Vogelschießen, „Schieting met den handboog op die hoogvogels (oppervogels)" feiern. In den Niederlanden standen die mittelalterlichen Schützengilden bekanntlich in höchster Blüte.

Zwar war jeder Bürger zur Verteidigung der Stadt verbunden; eine eigene städtische Wehrordnung regelte die militärischen Verpflichtungen. So bestimmt eine **Verordnung über die Bürgerwehr vom 6. März 1442 für Ratingen,**[51]) daß jeder zünftige Meister seinen eigenen Harnisch haben und daß in Zukunft die Ausübung eines Meisterwerks abhängig sein solle von dem Besitze eines Panzers, einer Hondskogel und eines eisernen Hutes. Diese Bewaffnung war für keine Schuld pfändbar; ihre Beschaffenheit wurde auf einem Waffenappell zweimal im Jahre, am ersten Montag nach Pfingsten und am Sonntag nach Mariä-Geburt, revidiert; wessen Rüstung nicht in Ordnung befunden wurde, mußte bis zur Instandsetzung derselben bei Strafzahlung an Stadt und Zunft sein Handwerk ruhen lassen. So bringend erschien die Notwendigkeit einer stets kriegsfertigen Ausrüstung. Vor allem kam es indessen darauf an, innerhalb der wehrpflichtigen und waffenbesitzenden Bürgerschaft einen Kern waffengeübter Männer zu haben, zumal die Armbrust, die Schießwaffe von damals, nur in geübter Hand etwas galt. Diesen Kern heranzubilden, war Zweck der Schützengesellschaft. Sie bildete die ständige, stets schlagfertige Garnison der Stadt. Die Stadtgemeinde hatte deshalb das höchste Interesse an dem Wachsen und Gedeihen ihrer Schützen. Wenn sie einerseits der Gilde eine jährliche Geldunterstützung gab, zu dem Vogelschießen einen Preis stiftete, den besten Schützen, den Schützenkönig von gewissen kommunalen Lasten (Einquartierung, Wachtdienst) befreite, wenn sie endlich die Bruderschaft in der Durchführung ihrer Satzungen unterstützte und ihr Pfändungsorgan, den Stadtboten, zur Verfügung stellte, so nahm sie andererseits ein Aufsichtsrecht über dieselbe in Anspruch. Um ihr möglichst viele Mitglieder zuzuführen, behielt sie sich die endgültige Entscheidung vor über die Zurückweisung eines sich zum Eintritt in die Gilde Meldenden; einen direkten Einfluß sicherte sie sich dadurch, daß ihr Bürgermeister den ersten Brudermeister der Bruderschaft zu wählen hatte, und daß er und sein Rat meistens die Mitgliedschaft der Gilde besaßen.

Das Interesse der Stadt war auch das des Landesherrn. Bei der sehr beschränkten Kriegspflicht der bergischen Städte suchte auch er Kriegstüchtigkeit und Kriegsbereitwilligkeit durch eine jährliche

---

[51]) Abgedruckt bei Kessel, a. a. O. Nr. 65. S. 76.

Geldzuwendung an die Schützen zu gewinnen und zu fördern.⁵²) Seine Beamten, besonders die Richter des Amtes Angermund, ehrten die Festschießen der Gilde durch ihre Anwesenheit und wurden mehrmals Schützenkönige.

In den Unruhen des 15. Jahrhunderts hatten die bergischen Städte und ihre Schützen mehrfach Gelegenheit, ihre Kraft im Kampfe zu erproben. Dem Aufschwung, den diese Kriegsgefahren und das den Schützen günstig gesinnte Regiment der bergischen Grafen Adolf und Gerhard geben mußten, folgte im Anfang des 16. Jahrhunderts Entartung und Verfall. Zwar wuchs in Städten und Dörfern die Zahl der Schützengilden, aber an Stelle ihrer ernsten Aufgaben trat das gesellige Vergnügen immer mehr in den Vordergrund; viele „Privatvogelschießen" wurden lediglich Vorwand für Ausspielgeschäfte. Am 16. September 1533 schließt Herzog Johann III. mit Kurköln einen Vertrag⁵³) ab, in welchem über Trinkgelage und Ausschreitungen der Schützengesellschaften geklagt wird:

„Zom vunfften, Nachdem alle ober vnd erbarheit vnd gute policy durch vnordentliche versamlung der vnderdane in vnrun (wie offentlich) gefoirt wirdt, vnd in sonderheit durch die Schuttery so zu steden vnd dorfferen gebruncht werden, zu wilchen der gemeyn man mit synem gewer gemeynlich kompt, vnd als er dan zom brouch sich begifft so folgen darus zu zyden viel- selbige mutwillige handlungen gegen syn obericheit. vnd vndersteyt alßdann sich mehe dan sunst widder die Obericheyt zu uerbinden. Vnd darumb sulchen vurail zu vurkommen, hatten wir vns mit gedachtem vnserem gevader dem Ertzbischoffen zu Coln ꝛc. ver- tragen, dat un hinford in vnsern landen vnd gebieden geyn unwe Schntzery so nit van alders herkommen aber andere unordentliche versammlungen furgenommen aber zugelassen. So auer van alders zu Steden Schutten geweist waren, dat dieselvige ouch alßdann nit anders dan mit wissen vnd zu- lassung der obericheit vnd wie van alders herkommen gehalden vnd gebruycht werden."

---

⁵²) Vgl. von Below, a. a. O. T. II S. 72. T. 1 S. 46 und Anm. 168; dort die Stelle aus dem Lagerbuch von Angermund von 1634 Fol. 26: „s. f. dl. tuen . . . den alten und jungen schutzen zu Ratingen auss gnaden von dem schatz bezalen . . . Dargegen lest m. gstr. h. zu s. f. dl. gefallen in der eile die schutzen gebrauchen, dar man irer von noten hat."

⁵³) Bei Scotti, Sammlung der Gesetze und Verordnungen, welche in den ehemaligen Herzogtümern Jülich, Cleve und Berg u. s. w. ergangen sind. 1. T. Düsseldorf 1821. Nr. 26. S. 29.

Zom festen, So soll sulchen alden Schutzenyen gegnswechs zugelassen werden, innige nuwe verbotenich ordnung aber ichts anderes hat der oberichkeit zustendich aber innichs beyls zu widder syn mocht offzurichten, vnd dat alles by pene vnser hochster straff."

Wie weit von jenen Stürmen und dieser Entartung auch die Ratinger St. Sebastianus-Bruderschaft berührt wurde, läßt sich bei dem Mangel jeglichen Materials nicht ersehen. Nachdem ein Teil derselben in dem Geldern'schen Krieg (1542—1543) mitgekämpft hat (denn daß unter den 32 Bürgern, welche die Stadt Ratingen 1542 nach Jülich sandte,[54]) hauptsächlich die Schützen vertreten waren, ist kaum zweifelhaft), erlangen wir weitere Kunde von ihrem Leben und Treiben erst wieder durch zwei Rechnungen von 1587/88 und 1591/92.[55]) Letztere lauten:

I.

Verzeichnus vnser Johan Rabermecher vnnd Gerharden Scheidmans alß Brudermeister St. Sebastianbruderschafft von allem Innemen vnd außgeben derselbiger Bruderschafft, Im Jar vnsers He[rrn]s 87 anfangendt, vnnd endent daß künfftig 88te Jar vff St. Sebastianitag.

Item wegenn des Durchluchtigen Hochgepornnen Fürsten vnd Herrn, Hertzogen p. hatt der Richter Christianus Clautt[56]) vnns geliebert X gl. schwares geldts fac. lauffendts	[57])
Item vonn dem Burgermeister Johan Portman wegenn der Statt empfangen . .	X gl..
Item von Wilhemen Vaßbender wegen eines Gardens in die Broderschafft gehorig empfangen	XX albs.
Item vom selbigen wegenn der Schützen Bane	XIII albs.
Item vonn Johannen vpc Trappen[58]) von einem Garden II gl., so doch dis Jar ahnn die kleinotter gelachtt,	

---

[53]) S. Kessel, a. a. O. Nr. 191. S. 255.
[54]) Im Besitze der Ratinger St. Sebast.-Brdschft.
[55]) Über ihn s. Kessel a. a. O. S. 357 Note 5.
[56]) Nicht ausgeworfen.
[57]) Ein Johan vff der Trappen ist nach der alten städtischen Quartierordnung 1596 im fünften Quartier „bei daß geschutz verorduet." S. Kessel a. a. O. Nr. 191. S. 256.

Die St. Sebastianus-Bruderschaft zu Ratingen. 79

Item von Lodwigenn Wintges von einem Garben	XX albs.
Item vonn Lodwigen Helpesteins kinder .	XII albs.
Item vonn Wilhemen Moltges wegen des kamps ahn der klawseun so er Johann Brochausen abgegüldenn I fester Roggens ab	II Dlr. weniger 1 **)
Item von Dietherich Heinen Haus vf der Bächemerstraße	XII albs.
Item vonn des Pastors Garbenn ahn der Schütze Banen	IIII albs.
Item von einem T Olichs vom Steinenhaus zu Eggerscheidt	X albs. **)
Item vonn Hermau Schlipers kinderen von einem ortt der Schütze Banen	VI albs.
Item vonn Jederem Bruder empfangen 2½ gl., deren XVI Personen gewesenn fac	XXXX gl.
Item von Schutzenkuechtt zu Volnis seines kleinots empfangen	II gl. IX albs.

Summa Summarum koupft der gantze empfangh der alter Schützenn Broberschafft vf LXXIIII gl. IX albs.*¹)

(Auf der Rückseite:)
Außgab.

Am tag St. Sebastian[i] ao. 87. Habenn die Gementliche Schützen Ju Moriann ahn malzeit verthan ab	IX gl. XII hlr.
Item ahnn doch ahn die koegel vor . .	XXXXII albs.
Als ahnn seitenn ahn die kleinotter 3 fl. 8 albs.	
Item ahnn doch an die kleinoter ab XI ellen vnd 1 fl. (Viertel?) kost jeder ellen davon ab V gl. weniger 2 albs fac.	LV gl. VIII albs.
Item ahnn Zinwerck in all ab	VII gl.
Item vor ein par henschen	IX albs.
Item ahnn ben Vogel gehangen 1 Dlr. ab	II gl. IV albs.
Item benn Spilleuten ire belonnung ab .	II gl.
Item bem Schützelnecht ben Vogel vfzurichten	VII albs.
Item als die kostenn in bem Moria verbingel brüber verthann 3 quart weins .	I gl. VI albs.
Item vf tag Trinitatis als man ben Vogel geschossen, bie semptliche broberschafft mit ben Spillenten in all verthan	IX gl. weniger IX albs
[Item] die Spilleut Zweimal sup gehabbt ab	I gl. VIII albs.

*) Zusatz von einer anderen Hand.
**) Das ursprüngliche V ist von einer anderen Hand in X verändert.
*¹) Die Summe von einer anderen Hand eingesetzt.

Item alß mit Porttman wegenn der Koften vnd des Duchs gerechnet verthan II quart ab	XX albs.
Item dem Paſtor	III albs.
Item dem Scholmeiſter, Cüſter, Schutzenknecht, Jb 2 albs fac.	VI albs.
Item vor des Richters Quitantz 4 albs. vnd vor des Burgermeiſters Quitantz 4 albs. fac.	VIII albs.
Item vonn der Rechenſchafft zu machen . .	IIII albs.
Item vor dieſelbige Zuſchreibenn	VI albs.
Item dem Schutzenknecht	VI albs.
Item dem Schneider wegen der Kögeln zu machen 2 ſtuuer fac.	IIII albs.**)

Summarum ſumma alles außgebens ertregt ſich vff LXXXXIIII gl. VIII½ albs., wan nun empfang vnd außgeben gegen einander abgezogen vnnd verglichen, ſo Iſt mehr außgeben, als empfangen, welches vurß. Brudermeiſtern noch herauskomptt ab. XXII gl. XI albs. VI hlr.**)

II.

Verzeichnus Vnſer Joachimen Offerkamp vnnd frantzen In der Hoffſchmitten als Brodermeiſtern St. Sebaſtiani Bruderſchafft von allem Innemen vnnd außgeben deroſelben, Im Jahr vnſers Hern 91 anfangendt, vnnd endent Itzkuufftigh Jahr 92 vff St. Sebaſtiani tagh.

Item wegen des Durchleuchtigen Hochgebornen Furſten vnnd Hern Hertzogen p hat der Richter Chriſtian Clowtt vns geliefert zehen gulden ſchweres gelts fac. .	XV gl. current.
Item von dem Burgermeiſter Johan Portman wegen der Stadt empfangen . .	X gl.
Item von Wilhelmen Baßbender wegen eines Gardens ſo in die Broderſchafft gehorigh	XX alb.
Item vom Muller wegen der Schützenbauen	X.
Item von Wilhelmen Paſſen wegen eines Gardens in die Broderſchafft gehorigh .	VII marck.
Item vom Schutzenknecht gleichfalls von einem Garden, in die Sch[ützenbruder]ſchafft gehorigh	VII marck.
Item von Lob[wigen] Wintges von einem Garden	XX.
Item von Lobwigen Helpenſteins Kindern	XII alb.

**) Dieſer Poſten von anderer Hand hinzugefügt.
**) Die Summe von anderer Hand eingeſetzt.

Die St. Sebastianus-Bruderschaft zu Ratingen.   81

Item von Hanß Rucklöß**) hauß uff der Beckhemer straßen	XII alb.
Item von Wilhelmen Möltges, von Camp ahn der Kleußkes pforßen, 1 sester Roggen ab	II gl. III alb.
Item von Burgermeister Portman wegen des Newen Kirchoffs empfangen IIII alb.	fac. IIII albs.
Item von einem pfundt ollichs vom Steinenhauß zu Eggerscheidt ab	IIII alb.
Item von Dietherichen Schwagers von einem ort der Schutzenbanen erspachts . . .	VI albs.
Summarum Summa alles ab XXXIIII gl. VII alb.	

(Auf der Rückseite:)
V[olg]t die außgab.

Item als die Brobermeister bei Burgermeister Johan Portman die cösten verthan verzert 15 quart biers jeder 2 alb f. . .	5 marf.
Item uff tag Sebastiani anno p 91, seint 14 Personen gewesen, welche maleßeit gehalten Jeder person 12 alb. fac. . . .	VII gl.
Noch 1 quart weins vor Lodwig Wintges ab	XIIII alb.
Item vor des Burgermeisters Kleinott . .	XVI alb.
Item an Zinnenwerck gekaufft XII ℔ Jedes ab XII alb. facit	VI gl.
Item dem Fenberich ein par Henschen ab	XII alb.
Item ahn den Vogel gehangen 1 tall. ab	II gl. IIII alb.
Item dem Schutzenknecht den Vogel ufzurichten	VII albs.
Item uf tag Trinitatis, als man den Vogel geschossen bei Johannes Braun verzert XIIII gl. bern dan Zween Franß Jn der Höffschmitten als Schutzenkoningk**) betzalt, bleiben XII gl. vnnd haben die semmentliche Schutzen 1 fierbel weins folgents getruncken facit	II gl. IIII alb.
Item sein 18 quart bie[rs] . . . . die semmentliche Schutzen die cöst[en] . . . . Braun verdingten vnnd b . . Spilman annahmen . . . . [fac]it.	II gl.

**) Ein Hanß Rouchloiß soll nach der städt. Quartierordnung 1596 im zweiten Quartier „uff dem Kornßthorn bei dem geschutz sein." S. Keßel a. a. O. Nr. 191. S. 256. —

**) Der Zusatz „als Schutzenkoningk" ist im Original von anderer Hand am Rande vermerkt.

Item dem SPilman vor seine Belonungh einen	halben tall.
Item dem Schutzenknecht seine Belonung	1 gl.
Item haben die Sempfliche Schützen Brodere mich mit einem Glaß verehret wilches gekostet	III gl. VI alb.
Item haben die Sempfliche Schutzen bei Adolph Hoebtmech verzert IIII gl. X alb. deffen Ich von Johan Francken vor Vuiß, das er sein Kleinott verbracht empfangen 1 tall. bleibt also man solchs abgekurtzt	XXXXII alb.
Item dem Pastor	III alb.
Item Schollmeister, Küster, Schutzenknecht jeder II alb. fac.	VI alb.
Item vor des Richters vnd Burgermeisters Quittantz	VIII alb.
Item von der Rech/enschafft zu machen	IIII alb.
Item von derselb[en] zu schreib]en ...	VI alb.
Item dem Schutz[enknech]t	VI alb.
Summa u . . . . ertregt sich ab XXXXII gl. current
Wan nun . . . . . . einander vergleichen vnd
abgezogen . . . . . . empfangen, welchs dem
. . . . [**]) VIII gl. V alb.

Wir entnehmen diesen Rechnungen, daß die St. Sebastianus-Bruderschaft vom bergischen Landesherrn eine Jahreszulage von 15 Gulden und von der Stadt Ratingen eine solche von 10 Gulden erhielt; erstere wurde vom zeitigen Richter des Amts Angermund, letztere vom zeitigen Bürgermeister gegen Quittungen (quittantz, quittancia) ausgezahlt, deren Schreibgebühren je 4 alb betrugen. Die sonstigen Einkünfte der Bruderschaft bestehen in den Jahresbeiträgen ihrer Mitglieder, in Renten, darunter eine von einem Pfund Oel auf dem Steinenhaus zu Eggerscheidt, und in den Pachtgeldern aus ihren Liegenschaften. Unter letzteren finden wir besonders die Schützenbahn, den eigentlichen Schießgraben, die Zielstatt, und die angrenzenden Schützengärten („des Pastors Garden ahn der Schütze Bauen" und einen „ortt (Winkel, Ecke? ¼ Morgen?) der Schützebauen"). Die Schützenbahn wurde nur an einigen Tagen von der Bruderschaft zu Schießübungen benutzt und konnte deshalb sehr wohl verpachtet werden; sie blieb aber bis ins 19. Jahrhundert in Benutzung; im Jahre 1759 werden mehrere Brüder, „die bei

---

[**]) An den mit Punkten bezeichneten Stellen ist das Papier des Originals rduchlochert.

der Citation auf die Bahn zu spät kommen" mit je ¼ ℔ Wachs bestraft und 1791 wird beschlossen, daß am St. Sebastianustag die Bruderschaft nach dem Festgottesdienst sich auf der Schützenbahn versammelt.[67]) Erst 1855 wurde sie von dem angrenzenden kathol. Krankenhause durch Tausch gegen ein im Oberdorf belegenes Grundstück erworben.

Das Vogelschießen fand am ersten Sonntag (Trinitatis) nach Pfingsten statt. Später ist hierzu dieser Tag ein für allemal fest bestimmt.[68]) Der „Schützenknecht," der Diener der Bruderschaft, welcher bei festlichen Aufzügen in besonderer Tracht, einem Hut, den eine kleine silberne Armbrust als Agraffe ziert, und einem mit silbernen Pfeilen galonierten farbigen Rock[69]) erscheint, richtet auf der „Schützenruthe" den Vogel auf. Dieser ist mit Geld und sonstigen Preisen behangen; weiter belohnen „Zinnenwerk" und kostbares Tuch, „die Elle zu 4 gl. 22 alb.", sowie andere Kleinode die besten Schützen. Im festlichen Zuge, Spielleute an der Spitze, voran ein Fähnrich mit dem Bruderschaftsbanner[70]) und ein zweiter mit dem Stadtfahnen, dann der vorjährige Schützenkönig, über die Schultern die Brust und Rücken bedeckende, aus den silbernen Gedenkplatten bestehende Königskette und in der Hand das Scepter, einen einfachen Stock oben mit der in Silber getriebenen Papagei[71]) bewegen sich die Schützenbrüder mit der farbigen Kogel auf dem Haupte und der Armbrust auf der Schulter durch die geschmückten Straßen der Stadt hinaus durch das Bechemerthor zur Schützenruthe. Dort beginnt das Schießen auf den Vogel. Stellung und Haltung ist dem Schützen genau vorgeschrieben,[72]) die Kogel darf nicht abgelegt werden, die Reihenfolge der Schießenden ist in einer vom „Fourier" gefertigten Rangliste bestimmt,[73]) kein

---

[67]) P. fol. 137vo. 138. 37.
[68]) P. fol. 2vo unter 11.) — Erst 1864 wird das Vogelschießen auf den zweiten Kirmeßtag verlegt.
[69]) Armbrust und Pfeile noch im Besitz der St. Sebast.-Brdschft. — Noch 1786 werden für den Schützendiener zu dem vorhandenen Rock „ein Kamisohl und ein Hut" angeschafft. P. fol. 32.
[70]) Die beiden ältesten Banner der Bruderschaft werden in der kathol. Pfarrkirche aufbewahrt.
[71]) Stock und Papagei noch im Besitz der St. Sebast.-Brdschft.
[72]) P. 2vo unter 11) bestimmt: „daß wo die letzter vom Anfang gesetzt ist, solle dieselbe ohnbeweglich stehen bleiben bis die Papagei völlig herunter."
[73]) P. fol. 3 unter 13), fol. 4 unter 17.) — Solche Ranglisten aus späterer Zeit: P. fol. 109—128. 128vo.

Schütze darf vor Beendigung des Schießens sich entfernen. Für Kurzweil auf dem Schießplatz sorgen Musik und allerlei volkstümliche Spiele.

Wer den Vogel herunterschießt, wird als Schützenkönig für das nächste Jahr ausgerufen. Mit der Königskette geschmückt wird er im Triumph zur Stadt geführt, wo frohes Gelage den Tag beschließt.[74]) Von der Bruderschaft erhält er einen Geldpreis, der später auf 6 Reichsthaler festgesetzt erscheint; derjenige, welcher in drei aufeinander folgenden Jahren den Vogel herunter holt, soll außerdem noch 12 Reichsthaler, jeden zu 100 alb. licht gerechnet erhalten.[75]) Die Stadt befreit den Schützenkönig für das laufende Jahr von Einquartierung und Wachtdienst. Dieser muß dagegen der Bruderschaft eine silberne Platte schenken, auf welcher eine kurze Meldung von dem Königsschusse nebst einer Widmung an die Bruderschaft eingraviert ist; später wird gegen den Schützenkönig, welcher diese Platte bis zum nächsten „Brudertage" nach dem Vogelschießen noch nicht angeschafft hat, sogar mit Exekution vorgegangen.[76]) Während nach der Rechnung von 1591—92 im Jahre 1591 der Brudermeister Franz in der Hofschmitten Schützenkönig gewesen ist, scheint auch der damalige Richter von Angermund, Christian Clout, diese Würde gegen Ende des 16. oder Anfang des 17. Jahrhunderts einmal bekleidet zu haben.[77]) Denn es findet sich unter dem heutigen Silberschatze der St. Sebastianus = Bruderschaft noch ein kleiner silberner Papagei, dessen Haupt gekrönt ist und dessen Rücken eine kleine Sebastianusstatue trägt, mit einem silbernen Schilde vor der Brust, welches das Monogramm ⟨⟩ und die Umschrift: „Christian Clout Richter D. Embter Angermunt v. L." [und Landsberg] zeigt.

[74]) Dabei findet regelmäßig eine „Krönung des Königs" statt; seine Frau oder, wenn er ledig ist, eine andere von ihm dazu gebetene Dame, gilt als „Königin." Das Vorkommen einer „konynkynne" ist also gar nicht so selten, wie Geugler a. a. O. S. 476 auf Grund der Notiz bei Scholten a. a. O. S. 553) Anm. 1 meint.

[75]) P. fol. 3vo. unter 15.) 16.)

[76]) P. fol. 4 unter 18.)

[77]) Der Richter Christian Clout lebte 1622 nicht mehr; seine Gemahlin, Mechtildis von Velderhoff hatte sich zum zweiten Male mit seinem Nachfolger, dem Richter Rutger von Arnsberg, verheiratet und aus dem Nachlaß ihres ersten Gemahls 200 Thaler für eine neue Orgel in der Pfarrkirche zu Ratingen gestiftet. Kessel, a. a. O. S. 357. Anm. 5.

Das Fest ihres Patrons, des hl. Sebastian feiert die Bruderschaft am 20. Januar alljährlich. Nach einem Festgottesdienste am Vormittage, findet mittags ein gemeinschaftliches Mahl unter Teilnahme der Frauen statt, dem die Erledigung geschäftlicher Angelegenheiten in einer Art Generalversammlung sich anschließt. Zunächst legen die beiden Brudermeister, in deren Händen die Verwaltung des Bruderschaftsvermögens liegt, für das verflossene Jahr Rechnung ab. Nachdem die Offiziere ihnen Decharge ertheilt haben, scheidet der älteste, der „residierende" Brudermeister aus seiner Stellung, in welche dann der bisherige zweite, „beisitzende" Brudermeister eintritt. Von ersterem wird ihm dabei der Silberschatz, unter Vorzählung der einzelnen Stücke, zur Bewahrung übergeben. Der zeitige Bürgermeister, oder bei dessen Verhinderung der älteste Scheffe, wählt dann einen neuen zweiten Brudermeister; in einer Rechnung von 1741—42 ist dem Bürgermeister für diese Wahlthätigkeit eine Entschädigung von 15 alb. ausgeworfen. Neben den etwa nötigen Beschlußfassungen werden dann die erledigten Offizier- und Unteroffizierstellen unter den Mitgliedern versteigert; da die Rangliste zugleich für die Reihenfolge, in welcher auf den Vogel geschossen wird, maßgebend ist, so werden oft hohe Preise geboten. Aus dem gleichen Grunde erwirbt ein scheidender Offizier manchmal von der Bruderschaft gegen eine besondere Renumeration das Recht, den Schuß auch späterhin im alten Rang beizubehalten.[78])

Das Festmahl, das „Brudereffen", findet bei dem alljährlich wechselnden „Bruderwirth" statt. Nach der Rechnung von 1587—88 ist es „Im Moriann," „in dem Moria" abgehalten worden, einem Hause, welches vielleicht mit dem noch heute im Volksmunde „Marjon" genannten, in der Nähe des Marktes belegenen identisch ist.

Gegen Ende des 16. Jhrhunderts begegnen wir einer Art Kartellverhältnis unter den Schützengesellschaften der bergischen Städte, welches sich besonders darin äußerte, daß alljährig ein Verbands-Festschießen und zwar jedesmal in der Stadt gefeiert wurde, deren Gilde im Jahre zuvor den Ehrenpreis, „das Kränzlein" errungen hatte.[79]) Diesem Verbande gehörten, so weit wir sehen können, die Schützengilden von Ratingen, Gräfrath, Düsseldorf, Gerresheim,

---

[78]) Z. Bsp. P. fol. 12vo. 13vo. 27. 31. 48vo.

[79]) S. Crecelius a. a. O. Die darauf bezüglichen Originalurkunden befinden sich im Archiv des Bergischen Geschichtsvereins; ich konnte dieselben nur nach dem Abdruck bei Crecelius a. a. O. benutzen.

Solingen und Elberfeld an. Nachdem im Sommer 1587 das Festschießen in Düsseldorf stattgefunden hatte, wird für Ratingen ein solches auf den 30. Juni 1588 vorbereitet. Es richten nämlich „Semptliche junge Gesellen dieser Burgerschafft Ratingen" am 21. Juni 1588 an den Bürgermeister eine Bittschrift, um „ein dißmal alhier new angesteltes, jedoch bevor gnugsam und wol bedachtes, und nach gemeinem Brauch so wol der negstbeiliggender, alß frembder orther regulirtes und zugerichtes Schützenspiell — in aller Stille, sittiglicher und unergerlicher Weise, und sich nur mit Auf=setzungh etzlicher Cleinoten in dem Wolschießen zuversuchen und zugebrauchen, schierstkommenden Sonntags (Gliebts Gott) zuhalten." „Und dweil dan zu itziger geschrlicher Zeit nit weniger ein wol=geubter Schutz oder Kriegßman, alß zur Zeit des Friedens ein gehorsamer Burger im Politischen Regiment erfurdert wirdt, Und aber ohn vorgehung allsolcher Exercitien kein guter Schutz zur Kriegszeit zuverhoffen (Ars enim bellandi dum non praeluditur, cum necessaria erit, non habetur), Und ferner an anderen orthern nicht allein mehrgedachte Exercitia zugelaßen, Sondern auch mit vorgesetztem Preiß befurdert, und dapferem Geschenck ver=ehret werden, Wie dan auch Gnediger Furst und Herr Hertzogh Johann rc. die jungen Gesellen unser benachbarter Statt Dußeldorff negstabgelauffenen Sommer, neben anderen ihrer Gnaden Ver=ehrungen, mit der stätlichster Hochzeits Fahnen herlicher Weise begabet hat — Alß gelanget demnach an E. Gst unser aller ein=mutig pittlich gesinnen, Eß woll dieselbe zu bestettigung und mehrer zierdt dieses vorgenommenen Schutzenspiels uns den Statt Fahn auff bestimpten tagh zusuhren vergunstigen."

Im Jahre 1602 fand das Festschießen wiederum in Ratingen statt. Zum letzten Male scheint zu einem solchen Elberfeld auf den 14. August 1611 eingeladen zu haben. Das noch vorhandene, „den Ern Achtparen Vorsichtigen Ersamen vnd Weisen Burger=meistern vnd Raath dero Statt Rattingen, Auch Schützenkonig vnd sembtlicher Schutzengesellschafft daselbst, Vnsern gunstigen Hern Nachbarn vnd guten freunden sambt vnd sonders" zugesandte, von „Elwerfelt am 18./28. Julii A⁰ 1611" datierte Einladungsschreiben[**]) zeigt, daß noch mit Armbrust vnd Bolzen geschossen wird; die Schützen haben um 8 Uhr vormittags an der „verordneten Zilstat" zu erscheinen; die Entfernung vom Stand bis zum Ziel, der Scheibe

---

[**]) Dessen Wortlaut bei Crecelius. a. a. O. S. 79 fg.

beträgt „110 gemeiner Teutschen ellen;" jeder Schütze soll „mit außgestrecktem Arm ohn einig hinderlist falschheit vnd betrug zu Sieben Circuln reblich, wie schieffens recht vnd gebrauch ist," schießen; das beste Kleinod besteht in „zwei vnd zwantzig ℔ auffrichtigen des besten Colnischen Zinnes;" jedem Gaste wird „frei sicher geleitt nach gelegenheit gegeben und zugesagt."

Bald nachher brausten die Stürme des dreißigjährigen Krieges durch das Land; sie geboten nicht nur den Königsschießen Einhalt, sondern warfen überhaupt die Schützengilden arg darnieder; manche verwilderten ganz,[81]) andere kranken noch später an den Folgen oder zeigen ein geändertes Programm. Auch ihre alten Rechte und Privilegien verschwanden oder wurden ihnen streitig gemacht.

Im Jahre 1661 wurde von der Bürgerschaft Ratingens bestritten, daß auch ein Außenbürger, falls er Schützenkönig werde, auf ein Jahr von dem Wachtdienst, welcher noch durch eine Wachtordnung vom 26. September 1623 [82]) zur allgemeinen Bürgerpflicht gemacht worden war, befreit werde und folglich dies Privileg auf einen andern käuflich übertragen könne. Das Bruderschaftsmitglied Johann Strack hatte nämlich von einem „auswärtigen" d. h. in einer Außenstadt wohnenden, nicht genannten Schützenbruder, der im Sommer 1661 den Vogel abgeschossen hatte, die von diesem dadurch erlangte Wachtdienstfreiheit angekauft. Dies wollte die Bürgerschaft nicht gelten lassen. Als Strack den Wachtdienst verweigerte, hob sie ihm einfach seine Hausthüre aus. Nun klagte

---

[81]) Wie es um die deutschen Schützengilden im allgemeinen nach dem dreißigjährigen Kriege stand, ersehen wir aus dem ersten Lehrbuch des deutschen Privatrechts. Georg Beyer sagt in seiner 1718 erschienenen Delineatio iuris Germanici ad fundamenta sua revocati in dem Capitel „de muneribus civium" (lib. I. cap. 13): „VI. Munera personalia consistunt in avertendis periculis urbi imminentibus etc. IX. Et quo magis hisce officiis observandis idonei cives reddantur, armorum usus iis non modo conceditur, sed et praecipitur. X. Hanc in rem cives, praesertim iuniores, obligantur ad frequentanda exercitia iaculatoria, zum Armbrust- (Bogen-) und Büchsen-Schießen, quibus certa loca, Schieß-Gräben, Vogel-Stangen, etc. deputantur, quamvis ut plurimum totum negotium in commessationem (Fresserey) abeat." — Erwähnenswert ist auch, daß damals von Pietisten das um die Pfingstzeit stattfindende Vogelschießen für einen Schimpf auf den hl. Geist gehalten wurde, und daß es zur Widerlegung dieser Anschauung sogar einer Dissertation P. Chr. Gilbert's, „Diss. de 'Ορνιθοτοξοβολια oder vom Vogelschießen. Leipzig 1714." bedurfte.

[82]) Bei Kessel a. a. O. Nr. 214. S. 282.

Strack gegen sie auf Anerkennung seines Privilegs vnbt Rückgabe der Hausthüre. Die erste gerichtliche Verhandlung fand am 13. Juli 1661 statt. Das Protokoll derselben[88]) lautet:

„Mittwoch, den 18. Julij 1661.

Johann Strack gibt Klagendt ahn daß Ihme seine Haußthur von einigen benachbarten außgehoben vnbt weggenohmen worden, auß dem grundt wolllen ein schutzenbrobder den vogell abgeschoßen so ihme sein von alters erlangtes recht nemblich die befreyung von der wacht vff ein Jahr lang, verkauft vnbt Er dahero dieselbe wacht, weill dazu ins verbotten worden, vnderlaßen habe vnbt wolle Er dießen schimpff uit oor 25 Rxthlr. erdulten.

Sämbtliche Burgern gestehen dem Jenigen, so den Vogel abgeschoßen gar keine Freyheit, weillen derselbe kein Einwohner noch Burger der Statt ist, also nit mechtig gewesen Klegeren eine mehrere Freyheit zu verlaufen, alß Er selbsten gehabt, seye sonsten nit ohne daß der Jeniger den vogell abscheuß vnbt ein Einwohner vnd Burger der Statt ist die freyheit von der wacht zu pleiben auf ein Jahr lang habe.

Johann Strack wie auch Peter vom Stein Zeittlicher Burgermeister vnbt Engel Renßer alß Schutzen brodere sustiniren daß contrarium daß nemblich alle vnbt iede, so In- alß Außwendige Burgern, so zum vogell schießen admittirt werden auch der broberschaft privilegien wingig (?) seyen, vnbt daß Eß bey den außwerbigen also gehalten worden, referirt sich auf den Thumbherrn von der Horst zum Hauß, woner der Muller Zum Hauß In vorigen Jahr den Vogel abgeschoßen vnbt eben diese freyheit von der wacht zu pleiben derselbe Ihme Stracken geschenkt oder verlaufft habe,

Semptliche Burgern sein angebens wegen deß Mullers nit gestendig, sagen sonsten daß nit einige sonderen alle Burgern ahn außnehmung deß Stracken Haußthuren pflichtig seyen,

Kleger Strack repetirt obiges vnbt Klagt ober die Ihme beschehene gewaldt batt vermoeg der alter observantz bey der erlangter freyheit Ihnnen zu manuteniren vnbt die Haußthur zu restituiren.

Sämptliche Burgerschaft bitt Klegeren zu der wacht zu vermoegen, Sie wider recht nit zu beschweren, vnbt die thur nit zu restituiren biße oder bieße sache die gebuhr rechtens verordnet. Kleger ut Supra.

Gerichtsseitig erging dann folgender:

„Bescheidt.

Wirdt den Partheyen hinc inde ihr anbringen Inner acht tagen dennegsten beym prothocollo beweißlich zu bescheinen vferlagt, Im vbrig aber weillen die gantze Burgerschaft ahn der aigenthaltlicher außhebvnbt wegnehmung deß Klegers Haußthure zu viell vnbt Vnrecht gethanen

---

[88]) Die vom Gerichtschreiber Anton Mullers beglaubigte Copia prothocolli im Besitze der St. Sebast.-Brdschft.

vndt Judices in propria Caussa nit sein konnen, alß wirt dahero wegen dießer gemachten vndt gestendigten auflauff Ihrer Fürstr. Dchlt. dabey versirendt Interesse hiemit reservirt vnder deßen Ihme Stracken die Hausthur annoch heut wiedergegeben werden solle."

Strack erhielt also die Hausthür zurück. Der Prozeß, welcher für das in Ratingen öfters gespannt gewesene Verhältnis zwischen Binnen- und Außenbürgern interessant ist, wurde in der Hauptsache aber nunmehr an der Hofkammer in Düsseldorf anhängig. Als Gegenpartei der Bürgerschaft erscheint nun die damals 19 Mitglieder starke St. Sebastianus-Bruderschaft. In einem von den "Schützenmeister vndt Sauptliche Schutzenbrudern der Confraternität S. Sebastiani" unterzeichneten Schriftsatz (Triplica) [84]) heißt es:

"Nachdem mahll alhie die quaestio vndt frag ist, ob einem Zeitlichen Konig der den vogell abgeschoßen ein gantz jahr lang die freyheit von der wacht zu pleiben gepuhr? vndt dann Zweytens ob nit die Burgere vmb deßwillen daß Sie vnßeren mitbrudern Johann Strack (der dieße freyheit von einem tertio legitimo modo acquirirt, vndt solcher libertät praesentu consulum sich gebuhrlich bedienet) die Hausthur proprio ac temerario ausu auffgenohmen, billig zu bestraffen sein; — So viell nuhn daß Erste vndt die exemption der wacht betrieft, da konnen vnß gegentheillen mit reinem vndt onbeflecktem gewißen nit verableugnen, daß wir beßen in den vor Jahren, vndt absonderlich seithero, daß die Bruderschafft nach den leidigen Kriegs pressuren in etwa redressirt, vndt wider in esse gebracht worden, in guetem geruhigem besitz gewesen, vndt noch auf heutig tag sein; vndt kan ex adverso nit gesagt werden, daß solches clandestine oder doch heimblich vnd verborgener weiße hergehe. Sinthemahll die Anzahll der burgern dermaßen leider abgenohmen,[85]) das

---

[84]) Im Besitz der St. Sebast.-Brdschft.

[85]) Vgl. dazu Keßel, a. a. O. Nr. 250, S. 329, wo der Ratinger Magistrat bei der Bitte um Steuerverminderung 1686 klagt: „daß vnßere Statt durch vorige Kriegen vnd absonderlich durch den Kaißerlichen Obristen Meuter dergestalt Vermittelß abbrenungsh dreyer Vorstätt in Untergangh vnd ruin gerathen, daß es eine lautere Unmöglichkeit, daß wir die steuren oss dem alten fuß vnd Matricull abstatten köuten, angesehen nebst deme daß die statt theilß abgebrochen theilß abgebrandt, auch daß bey vnß das vor dießem florirtes Schierenmacher Handwerck, wavon sich viele hundert leuth Vnterhalten vnd der statt große nahrungh auerwachßen, ganz in Untergangh gerathen, Also daß vnßere gantze statt kaum in 140 Burgeren bestehet, welche insgesambt so viel nit dan zwey Elberfeldische Kouffleut vermögen." In Ratingen hatten mithin die Kriegsgreuel des XVII. Jahrhunderts die traurigsten Spuren, Entvölkerung, Verwüstung und Armut hinterlaßen, selbst wenn man die Schilderung obiger Steuerreklamation in ihren letzten Worten für übertrieben hält.

auch die Kinder auf der gaßen leichtlich zu sag wißen wer
ahn dießer oder Jener pforten die wacht habe, ohne dem ist's
in dießer Haupt Statt Rating ein alter gebrauch, daß Jahr vor
Jahr auf sancti Sebastianitag von einem zeitlichen Burgermeister ein Schützenmeister erwehlet werde, dabey doch dießer
wollherbrachter freyheit halber weder vom Burgermeistern, noch sonsten
einige contradiction ehemahll geschehen." . . . .

„Daß nun ferner ein zeitlicher König sein recht vnd freyheit einem
andern vberbragen kenne, ist so klar daß es von Keinem so nur gesundes
Verstandts ist kan oder mit fuegen mag in disputa gezogen werden
cum cuilibet liberum sit ius quaesitum alteri vendere cedere donare etc.
wie dan auch gar vngereimbt ist, daß ein dritter so in der
Burgerschaft wohnet, vnbt vnder die burgers notorie
gerechnet wirbt (wie in casu subiecto sich zugebragen) nit
gleiche freyheit vnbt libertät, alß die so zwischen den
Mauren wohnen, haben vnbt genießen solle. nec enim eines
tantummodo dicuntur, qui intra moenia et muros habitant, sed et
illi illorum loco habentur eorumque privilegijs gaudent qui in sub-
urbijs commorantur welches so vngezweiffelten rechtens ist, daß mit
keinem bestandt mag contradicirt werden, vnbt haben Ew Fürstl. Dhlt.
libertatis et iuris alteri cessi in dießer dero Residentz
Statt frische vnbt lebendige exempla vorhanden, indem der
Hr. Kammer praesident Freyherr von vnbt zu Teerab wie
auch der Bergischer Jagermeister beybe dießen verlittenen
Sommer den Vogell abgeschoßen vnbt, obschon beide kein
Burgere noch stethige Einwohnere sein, ihr recht vnbt gerech-
tigkeit immunitatis ab excubijs contributionibusque et
similia andern burgeren vberbragen, die auch beßen wirklich vnbt de facto sich erfrewen . ."

Weiterhin entnehmen wir den Prozeßschriften, daß im Jahre
1658 der Mitbruder Herr von der Horst zum Hauß, Dom-
herr zu Trier und Speier Schützenkönig der Ratinger Gilde
gewesen war und „neben deßelben Muhlleren ihre durch daß Vogel
abschießen erworbens recht ihm Strack vor dießem transportirt
vnbt vberbragen haben", kraft deßen Strack damals ein ganzes
Jahr von dem Wachtdienst befreit geblieben war. In dem heutigen
Silberschaze der St. Sebastianus=Bruderschaft findet sich denn auch
noch ein Wappenschild mit der Umschrift: „Christian von der
Horst, Thumbherr zu Trier und Speyr in nahmen des Hauss
zum Hauss. Ipso solenni die sanctissimae Trinitatis."

Der weitere Verlauf des im Jahre 1662 noch schwebenden
Prozesses ist aus den Akten nicht zu ersehen. Indes kann man annehmen, daß die Entscheidung der streitigen Frage zu Ungunsten

der Bruderschaft ausgefallen ist; das Statut bestimmt nämlich später, „es solle die hochlöbl. Broberschafft den zeitlichen König wegen befreyung der einquartirung wie von altershero bräuchlich befreyen undt manuteniren undt wan auß dieser Broberschafft so nicht Erbgesessen und ein Beywöhner seye, so die papegey abschießen würde, so solle derselbe also forth und unter der schützenrothen Einem andern Brober so Erbgesessen die freyheit übertragen."[86]) Von einer Befreiung vom städtischen Wachtdienst ist gar nicht mehr die Rede; die Einquartierungsbefreiung erlangt aber nur der Schützenkönig, der erbgesessener Binnenbürger der Stadt ist.

Neues Leben zog in die St. Sebastianus-Bruderschaft nochmals mit dem 18. Jahrhundert ein. Das jährliche Vogelschießen fand wieder regelmäßig statt, die Anzahl der Mitglieder wuchs, die Offiziersstellen, deren Rangfolge: Oberst, Hauptmann, Fähnrich, dieselbe ist wie bei den Heeren des dreißigjährigen Krieges, waren größtenteils von Mitgliedern des städtischen Rats besetzt.[87]) Auch an die Vergangenheit, deren Bedeutung die damaligen Mitglieder zu würdigen wußten, knüpfte man wieder an. Mit einem stolzen Hinweis auf das hohe Alter der überaus günstigen Beziehungen zum Landesherrn und Magistrat der Stadt beginnt die 1742 gefertigte mit Zusätzen versehene Übertragung des alten Gildebriefs von 1433 ins Hochdeutsche. Die Sprache desselben war mit der Zeit unverständlich geworden, er war, wie es heißt, „auf brabändisch geschrieben und beschwerlich zu lesen"; daher „nahmen die Offiziere und Brudermeister die Mühe auf sich, selben durch einen qualificirten lesen und auf gut deutsch abschreiben zu lassen."[88]) Zu den Zusätzen des neuen Statuts erhielten die inzwischen entstandenen und im wesentlichen schon oben erwähnten Gewohnheiten ihre schriftliche Fixierung. Auch die von der Stadt und dem Landesherrn bezogenen Zulagen suchte man wiederzuerlangen bezw. sicherzustellen. Nach der

---

[86]) P. fol. 4 unter 19.) 20.)

[87]) S. die im Besitz der S. Sebast. Brdschft. befindlichen Prozeßakten Th. Christ. Beesen c/a Offiziere St. Sebast. Brdschft. aus dem Jahre 1728, wo die auf Zahlung einer von der Bruderschaft gehaltenen Zeche verklagten Offiziere mit Berufung auf ihre Eigenschaft als Ratsglieder die Einrede der Unzuständigkeit des Gerichts erhoben. (vgl. Kessel, a. a. O. S. 325 Nr. 244.)

[88]) P. fol. 1. — Wie „brabändisch" aber auch dem „qualificirten" die Sprache des Gildebriefs war, zeigt z. Bsp., daß er „Kogel" mit Kugel übersetzt und hinzufügt „d. h. Flinte".

Rechnung von 1741/42 zahlte die Stadt durch ihren Stadtrentmeister 15 Gulden licht (fac. 3 Rthlr. 60 alb.) und der Landesherr 7 Rthlr. 50 alb. aus. Als die Auszahlung letzterer Zulage wie es scheint, einmal stockte, wandte sich die Bruderschaft 1745 sofort an die kurfürstliche Hofkammer zu Düsseldorf,[89]) und Kurfürst Karl Theodor erließ gleich an den Richter von Angermund folgende Weisung[90]) zur Weiterzahlung:

„Von Gottes gnaden Carl Theodor
Churfürst : p : p :

Lieber getrewer. Bey Unßer Hoff Cammer haben Brodermeyster undt sämbtliche Broderschafft st. sebastiani zu ratting und Continuation bey der ihnen Von alters zu gewendeter sieben undt einen halben Rthlr. unthgst. supplicando angeroffen wie nun dieße zulag Contin: uiren zu laßen resolviret ist, alßo habt ihr selbige weithers hinab zu fuhren, undt gebuhrendt nach zu weyßen;

Ddorf, den 25. May 1745.

Auß Hochstgengtr : Jhrer : Churfürst : Dhrlt : sonderbahrem gnsten Befelch
: p : p
von Nesselrode.

ahn
Richteren zu angermundt
Joh : quiex
mpp."

Nachdem unter der französischen Herrschaft diese landesherrliche Zulage zurückgehalten worden war, wurde sie 1814 wieder für 4 Jahre ausbezahlt.[91]) Die von da an aus dem Domainen-Fonds bezogene jährliche Rente von 7 Thlr. 7 Slbgr. 6 Pfg. wurde endlich im Jahre 1843 von der Kgl. Regierung zum 25fachen Betrage mit 156 Thlr. 7½ Slbgr. abgelöst.

Die Zahl der Mitglieder, welche jetzt 38 Stüber Jahresbeitrag zahlen, beträgt 1742 noch 38, steigt in der Folgezeit aber auf über 300. Ihre Bewaffnung bildet jetzt das „Ober- und Untergewehr;" die Flinte ist an die Stelle der Armbrust getreten.[92]) Die Kleinode bei dem Vogelschießen bestehen noch immer in kölnischem oder englischem Zinn.[93]) Im Jahre 1746 besteht der Silberschatz außer

---

[89]) P. fol. 5. Bei dieser „Solicitation" an der Hofkammer durch den Brudermeister „gingen 11 Rthlr. an Kösten auf."
[90]) Im Besitz der St. Sebast.-Brdschft.
[91]) P. fol. 62.
[92]) P. fol. 2 unter 8) und 10.)
[93]) Vgl. Rechnung von 1741—42. (II. Posten der Ausgaben.)

Die St. Sebastianus-Bruderschaft zu Ratingen.

den schon erwähnten älteren Schilden aus dem schwersilbernen Stadtschild, welches inmitten eines Kranzes das in Email gearbeitete Ratinger Stadtwappen darstellt: einen unten abgerundeten, quergeteilten Schild, der im oberen, silbernen Feld einen nach rechts gewendeten wachsenden Löwen in roter Farbe, im unteren, schwarzen Feld ein gezahntes fünfspeichiges Rad in Silber zeigt⁹⁴) und sodann aus 28 silbernen Königsplatten,⁹⁵) deren größte vergoldet ist und neben zwei Wappenbildern die Inschrift trägt:

> „Ihro Churfürstl. Dhl. zu Pfaltz
> Richter des Ambt Angermondt undt
> Landtzberg undt Haubtstadt Rattingen.
> Bernard Sebastian Scholl Major St.
> Sebastinni Bruderschafft. 1738."

Seit 1746 kommt jedes Jahr von dem neuen Schützenkönig eine weitere Platte hinzu, mit Ausnahme der Jahre 1758—64, in denen „wegen der Kriegsunruhen" nicht geschossen wurde.⁹⁶) Neben den Inschriften enthalten die Platten meist mehr oder minder künstlerische Darstellungen zur Versinnbildlichung des Namens oder Gewerbes des Stifters. So zeigt z. Bsp. eine Platte einen Hirten in einer Baumgruppe und darunter die Inschrift:

> „Johannes Peter Mayer Rahts
> ver Wanter der St. Sebastian
> Bruder Schafft Schutzen
> König zu Rattingen.
> Anno 1753."

Auf einer zweiten ist unter einer Wage zu lesen:

> „Das ich wie man hier kan lesen
> Brudermeister bin gewesen
> vier jahr im Schützen orden
> und im vierten König worden
> das zeigt dis präsentgen klar
> Gott erhalt die Bruder Schaar.
> Jo. Jac. Kolkman.
> 1778."

---

⁹⁴) Dasselbe Wappenbild findet sich auch auf dem sog. Majestäts- und Prinzipal-Siegel der Stadt. Vgl. Enbrulat, Niederrheinische Städtesiegel. Düsseldf. 1882. S. 8. Nr. 14. Die Tinkturen waren indes bis jetzt m. W. nicht bekannt.
⁹⁵) P. fol. 5vo.
⁹⁶) P. fol. 9vo.

Eine dritte Platte zeigt im Hintergrunde einen großen Felsen, auf welchem sich in den Strahlen der aufgehenden Sonne ein Tempel erhebt, im Vorbergrunde einen Säulenschaft und einen behauenen Steinblock mit der Inschrift:

> "Ein Steinhauer mein Profession
> Sanct Sebastian ist mein Patron
> Schützen König bin ich gewesen
> Das könnet ihr hier lesen
> Theodorus Scher.
> 17[?]8."

Auf einer vierten vergoldeten Platte ist der hl. Johannes von Nepomuk abgebildet, auf einer Brücke stehend, neben welcher sich links eine vieltürmige Stadt, rechts ein Berg ausdehnt; an den Seiten des Bildes sind Scheere und Bügeleisen zu sehen, unter ihm die Worte zu lesen:

> "Ein Schneider ist mein Profession
> Sanct Sebastian ist mein Patron
> Schotzenkönig bin gewaosen
> wie man hir kan lesen
> Johannes Wilhelmus Buschhausen.
> 1781."

Die jüngste, schwachvergoldete Platte endlich aus dem Jahre 1858, welcher keine weitere mehr gefolgt ist, enthält unter einer Krone, zu deren Seiten sich Winkel und Zirkel abgebildet finden, die Widmung:

> "Brüder es macht mir Vergnügen
> Dies Sinnbild der Einigkeit
> Noch den Platten beizufügen
> Bleibt so einig wie Ihr seid!
> Schützen König
> Joh. Schlösser
> 80 Jahre alt u. seid 1813 Bruder
> Ratingen d. 3. Juni
> 1858."

Als im Jahre 1775 die Anzahl der Platten auf 52 angewachsen war, wurden 15 Stück "alter abständiger Platten zur höchsten Ehre Gottes in die hiesige Pfarrkirche, um ein Schiffgen daraus machen zu lassen" geschenkt;[97]) und als 1802 wiederum 58 Platten vorhanden waren, ließ die Bruderschaft durch den Goldschmied Gerh. Lucas von 16 Platten für 9 Rthlr. 45 stbr.

---

[97]) P. fol. 21 vo. 22.

einen silbernen Papagei anfertigen.[98]) Nachdem auf unerklärliche Weise ein Teil des Silberschatzes abhanden gekommen ist, besteht derselbe heute nur noch aus 19 Platten.

Den Vorstand der Bruderschaft bilden auch im 18. Jahrhundert einmal das Offiziercorps, welches je nach der Zahl der Mitglieder mehr oder minder reich gegliedert ist und dessen Stellen öffentlich versteigert werden, und sodann die beiden Brudermeister, deren zweiter später aus der Zahl der auswärtigen Brüder gewählt werden muß;[99]) der erste Brudermeister wird bis zum Jahre 1801, wie früher stets vom Bürgermeister gewählt;[100]) seit 1801 bestätigt letzterer nur noch die von der Bruderschaft gethätigte Wahl, und seit 1811 ist er überhaupt an der Wahl nicht mehr beteiligt.

Die aktiven Mitglieder zerfallen in Grenadiere und Gemeine; als die Anzahl der Mitglieder besonders stark ist, tritt zeitweise eine Musketier=Compagnie hinzu. Neben den aktiven finden sich jetzt auch Ehrenmitglieder, „Volontäre", deren älteste der Pastor Hartzheim, Vicar Schrobt († 1756) und der Advocatus legal. Dr. Reinartz († 1761) sind.

Das auf den Sebastianustag fallende Brudereffen wurde 1793 „wegen der in der Stadt sich aufhaltenden französischen Emigranten", 1795 „wegen denen dahier einlogierten K. K. Truppen" und „der sehr theuren und betrübten Kriegszeiten" nicht gehalten.[101])

Zwei neue Zwecke sehen wir die St. Sebastianus=Bruder= schaft seit dem 18. Jahrhundert verfolgen, die Verherrlichung kirch= licher Festlichkeiten und die Errichtung einer gemeinsamen Kranken= und Sterbekasse.

In Verfolgung des ersteren Zweckes finden wir sie bei allen kirchlichen Festen z. B. 1783 bei der „Einsegnung des Kreuzes auf dem Kirchhofe";[102]) besonders aber nimmt sie in einem prunkvollen Aufzuge in corpore teil an der alljährlich am dritten Sonntage nach Pfingsten stattfindenden theophorischen Prozession, der sogen.

---

[98]) P. fol. 47vo u. die Quittung des Goldschmieds Lucas, der auch die aus dieser Zeit stammenden Königsplatten verfertigte.

[99]) P. Fol. 64vo.

[100]) Die Protokolle in P. geben die Namen der Bürgermeister von 1746 bis 1803 an; die am häufigsten wiederkehrenden sind: Degreck, Wachendorff, Strack und Schellscheidt; auch ein Doctor Übers kommt zweimal vor. Bürger= meister Degreck war 1761—1770 Fähnrich der Bruderschaft. P. Fol. 117vo 123.

[101]) P. Fol. 39vo und 41vo..

[102]) P. Fol. 29vo.

Gottestracht.¹⁰³) Während eine besonders gebildete Ehrencompagnie in buntem Anzuge, geführt von den Offizieren, das hl. Sakrament begleitet und aus ihren Flinten bei dem Segen eine Ehrensalve abgiebt, schreiten die übrigen Brüder in der Prozession mit einem besonderen Musikcorps, ihren Fahnen und der Statue des hl. Sebastian, welche fast in Lebensgröße aus einem Stücke Holz geschnitzt, auf einer Tragbahre festgeschraubt und mit seidener Schärpe und anderen Zieraten geschmückt ist, und welcher eine Kerze vorangetragen wird.¹⁰⁴) Letztere wird aus dem Wachs verfertigt, welches zu dem Minimalsatze von ¼ Pfd. als regelmäßige Strafe für Schimpf= reden, Excesse bei Versammlungen und der Gottestracht, Verspätung oder Fehlen auf der Schießbahn und bei dem Gottesdienste u. s. w. einkommt.¹⁰⁵) An der Gottestracht müssen sämtliche Brüder mit den Waffen bei Strafe von ¼ Pfd. Wachs teilnehmen; nur die nicht=katholischen sind befreit.¹⁰⁶) Alle sollen die Grenadirskappe tragen. Im Jahre 1755 bittet die Junggesellen=Compagnie den Rat um eine Unterstützung zur Anschaffung von Grenadierskappen, deren sie schon zehn besäße, „welche hauptsächlicher bey hiesiger Gottestracht gebraucht und zu bemehrerer beforderung des schuldigsten

---

¹⁰³) Über dieselbe s. Kessel a. a. O. S. 347 mit Anm. 4. — Ungeachtet des Verbotes der französ. Regierung vom 10. März 1810 (cf. Scotti, a. a. O. Bd. 3, S. 1302 Nr. 3131) fand dabei bis 1818 eine sog. Controvers= predigt statt.

¹⁰⁴) Die mehrerwähnte Rechnung von 1741/42 enthält folgende Ausgabe= posten:

„Vor die Kertz zu machen und zu zieren . . . . 42 alb. 5 hl.
Auff die Heiligen Tracht den Mositanten annoch müßen
beylegen . . . . ad 75 alb.
Die Mositanten veraccordiret auff die Heiligen Tracht ad 25 alb.
Vor die Sanct Sebastianus Kertz auff der Heiligen
Tracht umzutragen . . . . 20 alb.
Vor den Sanct Sebastianus zu ziehren . . . 5 alb.
Bezgl. der Tragbahre: P. Fol. 48 a. E. — bezgl. der Schärpe: P. Fol. 27 vo.

¹⁰⁵) Z. Bsp. P. Fol. 129vo („Fehlen bei sr. Curfürstl. Dchlt. hohen An= kunft" anno 1786; Fehlen bei der Gottestracht und „Tanzen in den 3 Königen (Wirtshaus) mit dem grünen Huth") Fol. 131 („Tabakrauchen bei der Gottes= tracht"; Excesse und „Teufelsbenennung"); Fol. 133vo („in der hl. Meß nicht erschienen und weilen beständig in der Prozession geschossen") Fol. 137vo., 138 und 60 (wegen Verspätung auf der Schützenbahn, bei dem Aufzug und Gottesdienst) u. a. m.

¹⁰⁶) Auf Grund der Verordnung Johann Wilhelms von 1682. — Scotti a. a. O. Th. I. S. 184, Nr. 689.

gottesdienstes damitten continuiret werden solle"; [107]) desgleichen werden 1786 „zwei newe Genabier-Kaschels" erwähnt.[108])

Diese Art der Teilnahme an der Gottestracht hielt man hartnäckig bis in die neueste Zeit bei. Obschon bereits die Kurfürsten Karl Philipp 1734 und Karl Theodor 1762 das Schießen bei Prozessionen und Gottestrachten „sub poena corporis afflictiva" verboten hatten, obschon 1779 von letzterem vorgeschrieben worden, daß die Unterthanen den Prozessionen „mit Gott gefälliger Auferbauung ohne Gewehr und mit Hindanlassung alles Schiessens" beiwohnen sollten und 1788 diese Verordnung wiederholt war mit dem Zusatze, daß sogar die Gemeinde, in welcher derselben entgegen gehandelt werde, in eine Brüchte von 25 Rthlrn. verfallen sollte, mußte der Minister des Innern 1807 nochmals von allen Kanzeln herab verkünden lassen, daß bei den Prozessionen keine „Aufzüge mit Schießgewehren in ungewöhnlichen Kleidungen und Verzierungen" zu dulden seien.[109])

Die Ratinger Schützen richteten aber dagegen 1807 an den Präfekt des Rheindepartements und 1810 an den Minister des Innern Eingaben, in welchen zur Begründung die Bitte um fernere Gestattung des Aufzuges angeführt wird:

„In kleinen Landstädten kann der Zulauf des Volks von den entfernten Landgegenden nur dadurch angezogen werden, daß dem Fest einiger Pomp verschafft wird; ein bloßer einfacher Prozessionszug ist dem gemeinen Mann etwas alltägliches, er findet nebst seiner Erbauung nur darin eine schuldlose Freude, daß er eine imponirende Festlichkeit wahrnimmt, die er entfernt von Städten selten zu sehen Gelegenheit hat. Der Ort Ratingen hat durch Kriegsdrangsale mancherlei Art und besonders durch die harten Einquartierungen sehr gelitten, seine Nahrungszweige sind gering und unbedeutend; nur in jenen Tagen der feierlichen Prozession ist die Concurrenz der Fremden groß, und der Schaden für die Stadt würde unaussprechlich sein, wenn sie die Einträglichkeit solcher Tage entbehren sollte."

Von dem Provinzialrat Grafen von Spee wurde dann auch 1807 und vom Präfekten Grafen von Borcke 1810 ihnen der

---

[107]) Crecelius, a. a. O., S. 78.
[108]) P. fol. 31vo
[109]) Scotti a. a. O. T. I, S. 346, Nr. 1363; S. 523 Nr. 1916; T. II, S. 650, Nr. 2149; S. 1046, Nr. 2940; T. III, S. 1228, Nr. 3079. — Über das viele Schießen bei den Prozessionen klagt auch schon die Essener Stadt-Chronik von 1593—1622, mitgeteilt von Harleß in Ztschrft. des Berg. Geschver. Bd. 11 Nr. VII S. 154, Anno 1616.

Aufzug erlaubt mit der Einschränkung, daß bei demselben „nicht mit Pferden herumgejagt oder geschossen werden dürfte" und „daß bei dem Feuern mit den Kanonen solche Maßregeln getroffen werden, daß dabei kein Unglück entstehe." Der damalige Maire Brügelmann stellte nun auch, wie bisher, die städtischen Kanonen wieder zur Verfügung.[110]) Für die Folgezeit war damit der Aufzug gesichert; noch 1824 beschließt die Bruderschaft, daß jedes Mitglied „mit Gewehr und Waffen" bei Strafe von 15 Stbr. bei der Gottestracht erscheinen muß.[111])

Die französische Regierung des Großherzogtums Berg hegte den Plan, die vorhandenen Schützengesellschaften in Bürgergarden umzuwandeln. Nachdem sie denselben an der Düsseldorfer Schützengesellschaft verwirklicht hatte, beabsichtigte sie das Gleiche auch mit den Ratinger Schützen. Auf eine dahinzielende Anfrage des Provinzialrates Grafen von Spee vom 28. Juli 1807 berichtete indes der Magistrat zu Ratingen am 3. August 1807, daß die hiesigen bis jetzt immer von einander abgesonderten Sebastians- und Bürgerschützen-Compagnien zusammen an der Zahl beiläufig ad 150 Mann betragen. „Eine förmliche Organisation derselben", sagt der Bericht [112]) weiter, „nach Art der Düsseldorfer Bürgergarde würde aber den hiesigen Bürgern an ihrem Gewerb und Nahrung gleich nachteilig und aus der Ursache gar verderblich seyn, weil dieselbe durchgehends aus Tagelöhnern, unbemittelten Fabrikarbeitern und Professionisten bestehen, welche kaum den unentbehrlichen Unterhalt für sich und ihre Familien zu verdienen im Stande sind und daher die zu einer Uniformirung nach Art der Düsseldorfer Militz und sonst erforderliche Kosten nicht beischaffen können, ohne den ihrigen den nöthigen Unterhalt zu entziehen; die mehriste derselben haben sich zu dieser Compagnie darum begeben, weil hiemit eine Kranken- und Sterbe-Auflage verbunden ist, aus welcher die kranken Mitglieder derselben wöchentlich eine Unterstützung erhalten und in Sterbefällen die Beerdigungs-Kosten hergenommen werden. Aus diesen Ursachen zweifeln wir auch nicht, daß der größte Theil der hiesigen Compagnien gar keine Lust habe, sich in eine Form von beständiger Bürger-Militz umschaffen zu lassen, welches gewiß bei oben angeführten Umständen verderbliche Folgen für sie hervorbringen würde."

---

[110]) Die betr. Alten im Besitze der St. Sebast.-Brdschft.
[111]) P. fol. 73vo.
[112]) Bei Crecelius, a. a. O. S. 79.

Die Umbildung der Bruderschaft in eine Bürgergarde unterblieb infolge dieses Berichtes. Sie verfolgte nunmehr als hauptsächlichen Zweck die Bildung der Kranken- und Sterbekasse. Schon früher hatte man neben der obligatorischen Teilnahme am Leichenbegängnisse eines Bruders die Begräbniskosten zu erleichtern gesucht. Die Rechnung von 1741/42 hat einen Einnahmeposten: „der Leichtuch hat dieses Jahr eingebracht —" und einen Ausgabeposten für die Seelenmesse eines Bruders; das übliche Beläuten des verstorbenen Bruders mußten die Mitglieder besorgen. Im Jahre 1802 wurde beschlossen, daß jeder Bruder einen Monatsbeitrag von 6 Stbr. zu einer Kasse beitragen solle, aus welcher den Hinterbliebenen eines verstorbenen Bruders „zur Unterstützung des Begräbnisses" 5 Rthlr. gezahlt werden; [113] 1810 wurde endlich die noch heute bestehende Kranken- und Sterbe-Lade gegründet, deren Statuten am 7. August 1811 vom Präfekten Grafen von Borcke genehmigt wurden.

[113] P. fol. 46.

Urkundliche Beiträge
zur Geschichte des Krankenwesens in der Stadt Düsseldorf.

Mitgeteilt
durch H. Ferber.

Bei dem großen Mangel an Nachrichten über das Kranken=
wesen älterer Zeit in unserer Stadt glaube ich mir den Dank der
Geschichtsfreunde zu verdienen, wenn ich zwei dem Staats= und
Lambertus=Pfarr=Archiv entnommene Schriftstücke zum Abdruck
bringe. Das erste enthält die Bitte eines armen Kranken an den
Herzog von Berg, ihm gestatten zu wollen, daß er für sich und
seine Familie durch einen Knecht Almosen sammeln lasse; es ist
ohne Datum, gehört aber dem J. 1492 an und lautet wie folgt:

Durchluchtige, hoichgeboirne fürst, gnedichste allerliefste here,

Ich Theus van Royde genen vrer furstligen gnaden oit-
moedelich zo kennen, so wie eyne zytlanck van jaeren durch
gotz wille myt dem siechtom der lazaryen begaefft geweist
ind noch byn ind guder lude almysse leuen moiss; dann nu
leyder eyn arm alt man ind myne lede vergichtiget byn, so
dat ich nit me gewaegen noch gegain kan almisse vmb gotz
wille zo hoelen, ind sitzen in dem siechhuyse tuschen Duysseldorf ind Ratyngen geleigen myt myne eligen wyue ind vunff
cleynen kynderghen ind en kan lanheithaluen nyrgens hin gekomen; bidden dairomb vre furstliche gnaden gadertierligen
an zo willen myrcken ind myr doch vmb gotz wille zo gonnen
ind zo erleuuen, dat ich doch eynen knecht krygen, der myr
die almissen durch got vur guder lude huyseren hoelen ind
bidde moige ind myr des eynen schriftligen versiegelten

schyn zo willen doin geuen, moiste sust anders myt mynen armen wyue ind cleynen kyndergen kommershaluen vergencklich werden, so ich des leider durch oersache vurss, nyt gebesseren noch gekeren kunde, waill augenschyn an myr ist. Gnedige lieve here, vre gnaden willen myr armen siechen manne hyinne nyt weygerlich syn, sonder de wercken der barmhartzicheit an myr bewysen, gotz loyn verdienende ind myr herop eyne gnedelige troestlige antwort doin geuen.

Hierauf erfolgte von seiten des Herzogs Wilhelm am 19. März 1492 folgender Bescheid:

Wilhelm herzog etc. etc.

Wir bekennen dat wir Theus van Roide, der mit der swaire Krankheit der vyssetzichet befangen ind in den syechenhuyss tuschen vnsen steden Ratyngen vnd Duysseldorf vp der straissen gesyssen ist, erlaufft ind gegont hauen, so he alt ind unvermogen ist, dat he eynen in vnsen lande vytschicken mach vmb eme de almoisse zo bidden; begeren wir an vnsen vndersassen den armen kranken mann de almoissen mede zo deylen vnd des den groissen loyn van gode almechtigen ontfangen.

In vrkunde . . . gegeuen zo Duysseldorf op den sondag Reminiscere in den vasten Anno Dni. zwey ind neyntzich.

Das zweite Aktenstück versetzt uns in die entsetzliche Zeit der Pestseuche, die unsere Stadt oftmals heimgesucht hat. 1666 war der Vikar Johann Heytkamp als Opfer seines Berufs beim Besuche der Pestkranken gestorben, auch zwei Kapuziner, die Patres Willibaldus und Philippus teilten sein Los. Mit erneuerter Wut brach die Krankheit nach einigen Jahren wiederum aus. Es fehlte an geistlichen und ärztlichen Helfern in der Not. Darum wandte sich das Stiftskapitel am 26. Juni 1669 mit folgendem Schreiben an den in Neuburg weilenden Herzog:

Durchleuchtigster Fürst . . .

Ewer hochf. durchleucht vnsen wehemutigst clagendt gewissens halber zuerkennen geben, was gestalt wir sambt vnd sonders bey jetziger vnd vormahlen alhier eingerissener contagia hiesigen burgermeisteren vnd magistrat zum öftern die bevorstehende gefahr vor augen gestelt, auff allen nothfall eines medici, balbiers vnd hilf etlicher religiosen sich zuversichern oder D⁹ᵘˢ⁺ Joh. Weghaus sacellan, welcher sich freywillig vnd conditionate erboten, die inficyrte persohnen zu bedienen, zu obgemelten dienst willig halten vnd wegen verpflegung der kranken gute anstalt machen oder nötige vorsorg tragen mögte.

Wan nuhn, g. fürst vnd herr, die geringste verordnung bis dato nicht erfolget auch nicht ohne das von mir dechanten ahm 22. in dero regirungsrhatt so dan geystern bey dero Commissio sanitatis gebuhrende relation oder erinnerung hierüber beschehen, inzwischen aber bey ietziger grosser hitze vorgemelte abscheuliche krankheit dergestalt zugenohmen, das 10 häuser inficirt, auch vor allen dreyen Flinger, Ratinger vnd Berger stattpfortten in der bleich, beim bilkerbusch oder pfannenschoppen von einigen tagen hero viele elendige erkrankte leuth auf den lantstrassen vntern blauen himmel sich aufhalten, gantz kraftlos vergehen vnd täglich hinsterben, dannenhero wir vnserer schuldigkeit zu sein erachten die anvertraute seelsorg möglichsten fleisses zubeobachten, (gleich den ohne ruhm zu melden zeithero geschehen) vnd in erwegung dieselbe wegen weitwendigkeit vnd grosser anzahl sowohl gesundt- als kranker pfarrgenossen in anstehender zeit fast vnmöglich der gebuhr nach durch eine oder zwo persohnen zu versorgen, alle drey insgesambt vereinbahret vnd ohne vnterscheidt die gesunde vnd kranken zu versehen entschlossen vnd bereitz den anfang gemacht haben.

Glangt derohalben ahn Ew. hochf. durchl. in sonderbahrer erwägung imb pfall, ob verleicht vnder vns aus schwach- vnd krankheit ein vnd der andere abgehen mögte oder durch alsolche indifferente bedienung der h.h. sacramenten die nicht inficirte oder gesunde desto ehender mit der abscheulicher krankheit behaftet werden dörften, Ew. hochf. d. als ein lantsherr vnd vatter des vatterlandts zu conseruation dero getrewen vnderthanen geruhen, hiesigen magistrat gnädigst dahin zu vermögen, das sie sowohl mit leiblichen Arzte als mit anderen religiosen, so sich ohne das der gemeindt zum besten hierin wilfährig bekent haben, aus statmitteln dero residentz wie im jahr 1666 best möglichst versehen. Ew. hochf.

d. zu langwirig glückhafter regierung in schutz des allerhöchster demutigst empfehlendt.

Düsseldorf, den 26. Juni 1669.

Ew. hochf. d. demütigste Caplän
Th. Wendelin.   Swib. Abels.   Joh. Weghaus.

Schon am 10. Juli erfolgte von seiten des Herzogs folgender Befehl an den Stabt-Magistrat:

... wir werden berichtet vnd vernehmen gantz misfellig was gestalt die leidige contagion in vnser dortiger residentz stadt wieder eingerissen vnd aus mangel notiger anstalt vnd verpflegung der kranken seer stark fort grassiren thue; wiewohl wir nuhn vns versehen ihr würdet von euch selbsten die notturf hier zue, wie vor disem beschehen, zeitlich verschaffet haben, zumahlen wir vor die soldatesca dieselbe anderwerts herbei zu bringen auch das herlose vnnutze gesindel aus der stat zu schaffen verordnet, weil wir doch verstehen, das weder in geist noch weltlichen ihr versehung thuet, so erinneren wir euch hiemit deme besser vnd eben vf die weis wie vor diesem, als nemblich mit anstellung notigen vnderhalts vor die exponirende geistliche, medicum, chirurgum vnd apotheker auch verschaffung notiger vnderhalts vor die eingesperrte vnd ausgewiesene, wol gesunde als kranke vnd was sonsten dar zu nutzlich sein kan vnd mag zu thun oder aber zu erwarten das vnsere regierungsräthe Ew. stat rentmeisteren dar fur ansehen vnd von ihme die mittel (weil die sach kein verzug leydet sondern eilfertig remedyrt sein mus,) executive einbringen lassen werden.

Geben Neuburg, den 10. Juli 1669.

Über
scherzhafte Lokal- und Familiennamen in Düsseldorf und Umgegend.

Von
Dr. Mieck.

Spitznamen! Wer kennt sie nicht? Wer hat sie nicht? Wer giebt sie nicht?

Es liegt in der menschlichen Natur, selbst bei den uncivilisiertesten Neger- und Indianerstämmen, dem Scherz, Spott und boshaften Hohn in mehr oder minder zutreffenden Witzworten Luft zu machen. Haben dieselben einmal bei der Menge Beifall gefunden, sind sie volkstümlich geworden, dann kann keine Macht mehr helfen, sie zu beseitigen, und das beste Rettungsmittel ist, gute Miene zum bösen Spiel zu machen. Eher könnte ein Mohr seine Haut wechseln, als daß hier Gnade waltete. Daß ganze Nationen so gut wie einzelne Individuen darunter zu leiden haben, besagen uns der „Deutsche Michel", der englische „John Bull" u. a., geschweige der „Blinden Hessen" und der zahlreichen schon im Altertum bekannten „Schildbürger" und „Schöppenstädte." In der Familie und in der Schule wird auf diesem Gebiete keine Barmherzigkeit geübt, jede sociale und politische Korporation hat ihre „Pulcinellos" aufzuweisen; und wehe dem, der Ärgernis nimmt oder gar Verteidigungsversuche wagt! Er wird gestraft bis ins vierte Glied. Hier werden die Sünden der Väter unabweisbar an den Kindern und Kindeskindern heimgesucht. So können wir am besten verstehen, daß Völkernamen nur von den nächsten Nachbarn gegeben werden, wenn sie auch keine Scherznamen sind, und daß man mit Unrecht annimmt, die Nation habe sich ihren Namen selbst gegeben.

Die Veranlassungen zu Scherznamen sind nun so mannigfaltiger Art wie das Leben selbst und können unmöglich insgesamt geordnet aufgezählt werden. Wir greifen die drastischeren heraus und beginnen mit Lokalnamen, denen wir in einer größeren Abteilung Personen- oder Familiennamen folgen lassen. Mit Hilfe der Hofackerschen Karte und von v. Viebahns Topographie des Reg.-Bez. Düsseldorf wird es uns nicht schwer werden, eine wahre Mustersammlung charakteristischer Lokalnamen zusammenzustellen.

Ein gelinder Schrecken überläuft uns, wenn wir uns vergegenwärtigen, daß das hier vorhandene „Galgengäßchen" infolge der neuen Bahnhofsanlagen möglicherweise eine städtische Straße werden könnte. Beruhigen wir uns! Alsdann wird der Name mit der Sache verschwinden, wie der „Kälbermarkt" dem „Schadowplatz" und die „Pfannenschoppenstraße" der „Klosterstraße" hat weichen müssen. In der Stadt sorgt man schon für schöner klingende Platz- und Straßennamen. Aber auf dem Lande würde man unendlich viel zu thun haben, wollte man da Verfeinerungen der Namen eintreten lassen. Leute, die an einer „Fegtesch"[1]) wohnen, denken nicht mehr an den Ursprung des Namens, nämlich das „Taschenfegen" oder Beutelschneiden, das dort vor Zeiten verübt worden ist, und woran sie ja auch nicht beteiligt waren. Sie müssen wohl oder übel es sich gefallen lassen, daß der darüber Nachdenkende gelegentlich die Frage stellt, ob sie nicht etwa wüßten, wie lange es her sei, daß hier entweder dem Wanderer von Wegelagerern oder dem Gast vom Wirt die Taschen gefegt wurden. Eine ähnliche vielleicht auch harmlosere Erklärung mag der Bezeichnung „Knappsack"[2]) zu Grunde liegen. Daß man im Kreise Düsseldorf schon „im Himmel"[3]) sein kann, bildet sich auch der frömmste Muselmann nicht ein. „Butterflot"[4]) und „Bratwurst"[5]) sind ebenso sinnreich und verständlich wie „Baurenwellmuth."[6]) Auch französische „Commandeurs"[7]) sind da, die natürlich nicht ohne „Champagne"[8]) leben können. Für Arzt und Priester ist auch gesorgt in „Doktorei"[9]) und „Pastorhöfchen."[10]) — Noch über sechzig dieser kuriosen Namen könnten alphabetisch hier aufgeführt werden, was jedoch unterbleiben soll, weil es uns zu weit führen würde, und weil ein

---

[1]) Bei Urdingen. [2]) Bei Einbrungen und bei Aprath. [3]) Bei Lintorf und bei Eggerscheid. [4]) Kreis Elberfeld. [5]) ebenda. [6]) ebenda. [7]) ebenda. [8]) ebenda. [9]) ebenda. [10]) Kreis Geldern.

sehr großer Teil derselben nicht sehr hoffähig ist. Wir beschränken uns auf diejenigen, die uns am deutlichsten die früheren Zeiten charakterisieren. Die meisten derselben sind, wie leicht einzusehen, entweder im Ernst oder meist im Scherz oder zum Spott gegebene Wirtshaus- und Herbergsnamen. „Ferkeshaus",[11]) „in der Sau",[12]) „Seyschüssel",[13]) „Dreckloch",[14]) geben Aufschluß über Reinlichkeitszustände früherer Zeiten, „Knotterpelz"[15]) und „Kloppwamms"[16]) über freundliche Aufnahme in solchen ländlichen Restaurants. Bezeichnungen wie „am Trübsal",[17]) „im Jammerthal"[18]) vergegenwärtigen uns die irdische Unvollkommenheit menschlicher Verhältnisse im allgemeinen, — „Rucknm"[19]) und „Kehrinn"[20]) das Geratensein einer möglichen Änderung der Reiseroute für den Wanderer, jedenfalls aus maßgebenden Gründen der Unsicherheit, die in „Tuchmantel"[21]) denn auch gradezu genannt wird. Denn dieses Wort bedeutet: den Mantel zucken oder herunterzerren[22]), also ein Ort wird so genannt, wo Wegelagerer oder Räuber ihr Wesen trieben; es ist dies ein ähnlicher oder unter Umständen schlimmerer Platz als „Fegtesch." Charakteristisch ist, daß gerade der Kreis Elberfeld außerordentlich reich ist an solchen Scherzen. Diese wenigen Beispiele bieten ein kleines aber verständliches Sittengemälde aus der guten, alten Zeit. Daß derartige Benennungen aber nicht nur im Düsseldorfer Bezirk vorhanden sind, ist bei Ernst Förstemann[23]) nachzusehen; dort werden aufgezählt: Kaffeekanne, Leerenbeutel = Leere den Beutel, eine etwas hochdeutsch klingende Übersetzung unseres niederdeutschen „Fegtesch", dann Fegebeutel, Zehrbentel u. a., eine Menge Namen, „deren Örter", wie er sagt, „gewissermaßen erzürnt über den Sprachunfug selbst gespensterhaft lebendig werden und ihren Namen ausrufen!"

Mit dem Namen „Tuchmantel" nun gehen wir über zu den Personen- oder Familiennamen; denn im Bergischen kommt er als solcher vor. Außer dieser giebt es hier und anderwärts noch sonstige rührende und variierende Bezeichnungen für jenes saubere und einträgliche Geschäft. Die gegenwärtigen Besitzer solcher keineswegs beneidenswerter Namen haben natürlich keine

---

[11,12,13,14]) Kreis Elberfeld. [15]) Bei Benrath. [16]) Kr. Elberfeld. [17]) Kr. Elberfeld. [18]) Bei Solingen. [19]) Bei Grevenbroich. [20]) Kr. Cleve. [21]) Bei Ohligs-Wald. [22]) Vilmars Namenbüchlein. S. 65. [23]) Die deutschen Ortsnamen, S. 207 u. ff.

Ahnung mehr von dem Herkommen derselben. Solche Schimpf=
namen werden, wie oben bemerkt, von anderen gegeben, werden
aber von den Verspotteten selbst zäh und trotzig festgehalten und
sogar mit Stolz getragen. So bezeichnet auch der außerordentlich
verbreitete Name „Reuter", lat. ruptarius einen Wegelagerer.[24])
Der seltsam klingende Name „Fikentscher", der auch in Cassel in
der Form „Fickleschcer" sich findet, ist echt deutsch; er kommt her von
„Ficke" = Tasche, und „scheeren" = abschneiden", heißt also „Beutel=
schneider."[25]) Mit dem Abreßbuch der Ober=Bürgermeisterei Düssel=
dorf in der Hand, wenden wir uns nun anderen Beschäftigungs=
bezeichnungen zu:

„Stöcker" ist der Gefangenwärter, der die Verbrecher in den
Stock spannt, „Ratmann" = Radmann nannte man den Scharf=
richter.[26]) Namen, von Waffen entnommen sind „Peil" und
„Piel" = Pfeil, „Panzer", „Pielstüker" = Pfeilstöcker oder Ver=
fertiger der Pfeile. Das Kriegshandwerk hat manche Zweige
außer diesem letztgenannten hervorgerufen, von denen heute nur
mehr die Namen vorhanden sind.

Gehen wir nun über zu friedlicheren Beschäftigungen. Da
haben wir: „Druckenmüller" = Trockenmüller, also entweder der
Windmüller oder der Wassermüller, den der Bach öfters im Stiche
läßt, ist gemeint. „Hassenkamp" ist eine Befehlform = Hasse den
Kamp oder Acker! Es ist ein Spottname für einen trägen Ackerer.
(ebenso Hassenpflug.) Diese Imperativformen sind häufig; hier
seien noch erwähnt: „Trinkaus" und „Stürzenbecher" = stürze den
Becher! — welche beide dasselbe bezeichnen. Da giebt's ferner:
„Füllebier", „Geldmacher", „Frühmesser", deren Erklärung keine
Schwierigkeit macht, „Keßler", „Knieriem", Spottnamen des
Schusters, „Schauseil" = Schuhseil oder Schuhriemen, „Kuhert"
= Kuhhirt, „Mengelbier", „Mönnich", „Ohligschläger", „Posten=
rieder". = Poststafettreiter, „Pottgießer." Da haben wir ferner
„Priester" und „Propst", „Rosenplanter" = Rosenpflanzer, „Sauter"
= sutor = Schuster, „Stallknecht;" „Stöber" = „Stöver" ist
der Baber, der eine Stube, nämlich Badestube hält;[27]) „Suthor"
ist wieder sutor oder Schuster; „Euler" = Töpfer; hierzu

---

[24]) K. G. Andresen: Konkurrenzen in der Erklärung der deutschen Ge=
schlechtsnamen. Heilbronn. 1883. Seite 39. [25]) Hoffmann von Fallers=
leben: Casseler Namenbüchlein. Cassel. 1863. S. 60. [26]) Bilmar, Namen=
büchlein, Seite 23. [27]) Vilmar, S. 23.

gehören mit derselben Bedeutung Namen wie „Eiler", „Eylert" u. a. Namen wie „Kepler" = Kappler oder Kapuziner, „Einbrod" = Eigenbrod, der in der Lage ist, nicht im Dienste eines fremden Herrn zu stehen, sondern aus eigenen Mitteln sich zu unterhalten, bezeichnen ebenfalls Stand und Beruf, und — als ob auch auf dem Gebiete der Namengebung man sich nach Ruhepausen umgesehen habe, — wird uns nach den mannichfachen vorhin aufgezählten Erwerbsthätigkeiten auch schließlich „Feierabend" geboten.

Unter den Namen, welche Eigenschaften, sowohl vorwiegend körperliche als auch geistige bezeichnen, sind wiederum eine Menge Spottnamen: „Froböse"[28]) bedeutet einen Schadenfrohen, „Mundheul" einen Mürrischen, der den Mund hängen läßt oder auch einen Mutlosen, „Lachnit" und „Profitlich" sind sofort verständlich, „Grohmann" = Graumann, den Ackersmann bezeichnend, mit grauem Zwillich bekleidet,[29]) „Guterjohn", „Klug", „Hohenschuh", „Holtschuh", „Holzfuß", „Knackfuß", „Knauf", „Knoop", „Knorr", „Knebel", „Knüttel", „Knupp", „Kraushaar", „Wollenhaupt", „Gellhart" = Gelbhaar, „Lahm", „Mager", „Rasch", „Saftig", „Scheel", „Schiewe" = schief, „Schlimp" = ebenfalls krumm oder schief, „Spitzbarth"; „Straub", „Strauven" und „Ströbelt" bedeuten „struwelig", „Wittkopp", „Unverdroß", „Verworn", „Wohlfahrt", „Zufall" und sogar „Lumpe".

Nun folgen Bezeichnungen, die sich auf Essen und Trinken beziehen: „Braden", „Butterbrodt", „Daubenspeck", „Eßkuchen", „Pfannkuchen", „Drügpott" = trockner oder leerer Topf, „Halbekanne", „Kalbfleisch", „Kleintopf", „Knoblauch", „Platzbecker", „Potthast" = das im Topfe Verharstete (man denke an verharschte Wunde) wie Pannhas = das in der Pfanne verharstete, „Rettig", „Rübsamen", „Schlaadt" = Salat, „Schlemilch" = Schlegelmilch oder Buttermilch, und „Speck".

Geburt, körperliche und verwandtschaftliche Eigenschaften und Beziehungen werden erörtert in: „Crumfinger", „Deimling" = Däumling, „Dreling" und „Dreiling" ist Drilling, „Jüngling", „Junggeburth", „Kind", „Klatzkopf", „Liesegang" = leisen Ganges (Leisetritt), „Sohn", „Söhngen", „Ohmichen" = Onkelchen, „Vetter" und „Vater".

Tiere: „Boßhardt" = Bussart, „Föschen" = Füchschen, „Hundt," „Hündgen," „Käfer," „Kiwitz" = Kiebitz, „Kukuk,"

[28]) Vilmar, S. 31. [29]) Vilmar, S. 32.

„Lämmken," „Lerche," „Lux," (was allerdings auch aus Lukas entstanden sein kann) „Maus," „Nachtigall," „Ochs," „Rabe," „Rehfuß," „Reiher," „Schaaf," „Schlang," „Spatz," „Thier," „Urhahn" = Auerhahn, „Vögelein," „Vogelpoth" = Vogelpfote, und „Weyergans." An letzteren Namen schließen wir vier den Wohnort bezeichnende Namen von ganz gleicher Bedeutung an: Weyermann, Lackemann, Sickmann, Brügelmann bedeuten den am Weiher, Bruch oder an der Lache, Senke Wohnenden.

Zum Schluß folgt eine Wiederaufnahme des Hauptgegenstandes meiner im vorigen Jahre erschienenen Programmarbeit über niederrheinische Familiennamen, nämlich Kalendernamen. Das Gebiet eröffnet so mannigfachen Stoff, daß ich kaum einen in jener Abhandlung aufgeführten Namen zu wiederholen brauche, so daß die nun folgenden gleichsam als Nachtrag zu obiger Arbeit gelten können und zwar hauptsächlich im Anschluß an das Adreßbuch von Düsseldorf.

Die Endung „ut" in „Bellut" und „uth" in „Bermuth" ist wohl nichts anderes als das franz. „ot" in Jeannot u. a. und bezeichnet als Verkleinerungssilbe den Kleinen oder Sohn des Abel und des Bernard. — Aus der ersten Silbe von „Arnold" ent=stammen: Arndt, Aretz u. a. — aus der zweiten: Nolden, Nollen, Nölle und ähnliche. Der bekannte Name „Mand" ist die zweite Silbe von Hermann mit dem bekannten Bequemlichkeitsbuch=staben „d", der zu „t" erhärtet in der Bezeichnung „Mentges" erscheint, welche den Sohn des Hermentge und den Enkel des Mand oder Hermann bedeutet. In ähnlicher Weise wird an die zweite Silbe von Anton ein „t" angehängt und wir haben den in Trier vorhandenen Namen „Tont," holl. Tontje. Der durch die Gene=tivendung bezeichnete Sohn des Tont ist Tonts und in Nord=deutschland „Dunz" und „Dunze." Wie aus Xaverius „Wirges" wird, so bildet sich aus Liborius „Borges" oder „Borgas." „Bretz" und „Pretz" sind wahrscheinlich Briktius. Wie „Höltgen," „Holz" und „Hölzke" durch Verkleinerung aus Barthold entstanden ist, so bildet sich „Büsgen" aus „Debus," was auf Matthäus zurückzu=führen ist, wie „Mewes" auf Bartholomäus. Im „Damp" haben wir die Schlußsilbe von Adam mit zugeschobenem „b," erhärtet zu „p," wie es in dem Namen „Lempke" zuweilen auftritt. „Döring" ist nicht der aus Thüringen Stammende, sondern der Sohn des Theodor. „Drees" und „Treis" für Andreas. „Gronarz" ist der Sohn des „Grünhard", was „Grünewald" bedeutet. „Reinkens" ist der Sohn des Reineke oder Fuchs. „Röhl" oder „Rühl" ist Rudolf und „Roloffs" oder „Rolfs" der Sohn desselben. „Sartorius" ist lateinisch und bedeutet Schuhmacher; „Chrysander" ist griechisch und bedeutet Goldmann.

Hiermit beschließen wir für diesmal die Besprechung mit dem Hinweis, daß selbst die Art und Weise, aus einem ernstlautenden Kalender- oder Heiligennamen durch Auslassung eines wesentlichen Bestandteiles und Hinzufügung einer heute nur mehr der Kose- oder Kindersprache angehörigen Verkleinerungsendung zur Bezeichnung von Erwachsenen einen ungemein scherzhaften Eindruck hervorzurufen kaum verfehlen kann.

Erneuerte Geleits-Konzeffion für die jülich und bergifche Judenfchaft

auf fernere, ultimo Juli 1795 endigende 16 Jahre

des Pfalzgrafen Carl Theodor.

d. d. München, den 21. Juni 1779.

Mitgeteilt
von
Dr. A. Wedell, Rabbiner des Synagogen-Bezirks Düsseldorf.

Nachfolgender Geleitsbrief, welcher weiterer Erläuterungen nicht bedarf, wurde von mir unter den von Herrn Gabriel Philipp van Perlftein hinterlaffenen Büchern aufgefunden. Diefer war Schwiegerfohn des Herrn Salomon Aaron Cohen, weiland Vorstehers der Synagogen-Gemeinde Düffeldorf und ift in diefer Eigenfchaft wahrfcheinlich in den Befit des genannten Geleitsbriefes gelangt. Ob refp. welche Beziehungen Cohen zu der jülich und bergifchen Judenfchaft hatte, konnte noch nicht ermittelt werden.

Die Urfchrift des aufgefundenen Original-Geleitsbriefes (welcher in der Gefet-Sammlung von Scotti, Band II Nr. 2150 inhaltlich wiedergegeben ift) gehört zu der „Sammlung von Urkunden, General-Verordnungen und Gefeten der Herzoglich Jülich, Cleve und Bergifchen und Großherzoglich-Bergifchen Landesherrn und Behörden von 1475—1815", welche in der Kgl. Regierungs-Regiftratur zu Düffeldorf aufbewahrt wird.

„Wir Carl Theodor, von Gottes Gnaden Pfalzgraf bey Rhein, Herzog in Ober- und Niederbajern, des heiligen römifchen Reichs Erztruchfet, und Kurfürst, zu Gülich, Kleve und Berg Herzog 2c. 2c.

thun kund, und bekennen hiemit, welchergestalten Wir auf unterthänigstes Supplicieren der in Unsren Herzogthümern Gülich und Berg vergeleiteter gemeiner Judenschaft, um gnädigste Erneuerung, und Prolongation des den 1. Aug. nächstkünftig zu Ende gehenden, ihnen vorhin gnädigst verstatteten Judengeleits, mit derselben Vorgänger und Vorsteher, fort bevollmächtigten durch Unsre des Endes benannten Kommissarien darüber traktieren zu lassen, gnädigst bewogen worden, und, den dabey vorgekommenen Umständen nach, gnädigst verwilliget, und beschlossen haben, besagter gemeiner Judenschaft Unsern gnädigsten Schutz, und Schirm in erwehnten Unsren Herzogthümern Gülich und Berg fernerweit auf sechszehn a prima Augusti itzt laufenden Jahres ihren Anfang nehmende, und ultima Julii 1795 zu Ende gehende, stets auseinander folgende Jahre gnädigst zu verstatten; Thun auch solches hiemit und in Kraft dieses also, und dergestalten, daß

$1^{mo.}$ die hiebevor von Unserer Gülich- und Bergischen Hofkammer a parte vergeleitete so wohl, als auch in den Pfand- und Unterherrschaften wohnende, das Land mitnieß- und nutzende Juden ohne einige Ausnahme, oder Unterschied hinfüro unter dieser Unserer neuen Geleitsconcession mit begriffen seyn, fort außer solcher in Zukunft keine besondere Geleitspatenten mehr ertheilet, noch angenommen werden, sondern alle, und jede unqualificierte Subjekten, so sich um Gehabung des freyen Geleites, oder um das Obervorgängersamt, und andere Officia bey Unserm Hoflager anmelden werden, de plano ab — und zu der Judenschaft, fort zeitlichen Vorgänger, und Vorsteher hin verwiesen, desgleichen diejenigen, so sich in dem gewöhnlichen Beytrag weigerlich bezeugen würden, in eine unnachläßige Strafe von hundert Dukaten wirklich verfallen sey, und darab zwey Dritttheile Unserm Kammeralärarium, der gemeinen Judenschaft aber ein Dritttheil zu gemeinen nützlichen Behufe zukommen solle; und da Uns

$2^{do.}$ die gesammte Judenschaft unterthänigst zu erkennen gegeben, wie daß die selbe durch den in vorigen Bestandszeiten vorgewesenen, sieben Jahre hindurch angehaltenen theuren Krieg, und die den selben dabey fast unerträglich zugefallenen Lasten, auch sonsten ihr begegneten vielen widrigen Schicksalen, in Verlierung der Vermögenden, und Anwachs der Unvermögenden, fort starke Schwächung des Handels dermaßen an Lebensmitteln erschöpft, und geschwächet worden, daß sie nicht einmal im Stande seyn, die von Zeit zu Zeit, Landkündiger

Dinge aufgenommene schwere Kapitalien zu refundieren, vielweniger die von ihnen dermal gethane Oblata in puncto der Kronensteuer, sive trockenen Weinkaufgelder so wohl, als der jährlichen Tributs= schuldigkeit präſtieren zu können, es ſey dann, daß ihnen weitershin landesherrlich gnädigſt geſtattet würde, ihre Judenfamilien bey der in jüngerer gnädigſten Konceſſion beſtimmten Zahl der zwey hundert fünfzehn Haushaltungen belaſſen zu dörfen, und dann Wir in An= ſehung all ſolcher refleftionswürdiger Umſtände dieſem Petito in Gnaden deferiert haben, alſo wollen Wir auch zu Folge dieſer Unſerer neuen Begnädigung der Anzahl der jüdiſchen Familien in geſammten Unſren hieruntigen Landen, ausſchlüßlich der in den Pfand= und Unterherrſchaften wohnender Juden auf zwey hundert fünfzehn geſetzet haben, mithin ſelbige ſich Unſers Schutzes, und Schirmes die fernere ſechszehn Jahre hindurch gänzlich zu erfreuen haben; Da aber, dem Vernehmen nach, unter ſolcher Anzahl einige theils zu kontribuieren unvermögliche, theils ihrer Aufführung, und Lebenswandels halber verdächtige Judenfamilien zu finden, ſelbige daher auf erſt einkommende Nachricht aus dem Lande fortgeſchafft, und an derſelben, wie auch der immittels verſterbenden Stelle andre vermögliche, und ehrbare Juden, worüber bey Uns die Vorgänger zuvor, mit Beylegung glaubhafter Zeugniſſe, jedesmal die unter= thänigſte Anſuchung zu thun haben, angenommen werden, dieſe jedoch der Ordnung in jüdiſchen Zeremoniellfonvofationen, Repar= titionen, Ausſprüchen, und Erkanntniſſen ein für allemal untergeben ſeyn, annebens die verfloſſene rückſtändige, zur Hoffammer nicht bezahlte so wohl, als zukünftige Tribut= und Landemialgelder, und Erfoberniſſe niemanden anders, als den Vorgängern, oder den jenigen, woran ſie von dieſen hingewieſen werden möchten, und zwar unter Strafe der fertigſten Exekution abführen, fort ſolchergeſtalt

3$^{tio.}$ denſelben in Unſren Städten, Freyheiten, Herrſchaften, Flecken und Dorfſchaften, auch allenthalben in beyden Unſren Herzog= thümern Gülich, und Berg, und zugehörigen Orten ihren Handel und Wandel in Kauf= und Verkaufung allerhand Waaren mit Ellen, Maaß, und Gewicht, doch ohne öffentlich auszuſtiefeln, auch Schlach= tung des Viehes in ihren Häuſern, und ſonſten ehrliche Nahrung zu treiben, als woran die ſelben unter keinem Prätexte, ſonderbar an dem ein= und andern Orte etwa vorſeyender Handwerkszünfte behindert werden ſollen, zudem die Zollfreyheit inner Landes für ihre Perſonen, auf Vorzeigung eines Scheines, unter erwehnter

Unserer Hofkammer Insiegel die obbestimmte sechszehn stete Jahre hinburch verstattet, dahingegen all unerlaubter Wucher ernstlich untersaget, und ihnen mehr nicht, dann sechs und ein Ort vom Hundert an Interesse, oder Pension zu nehmen vergünstiget; ein jeder vergeleiter Jud auch

4$^{to.}$ wegen seines Gewinn, und Gewerbs, er sey reich, oder arm, ohne Unterschied, nach Anlaß Unserer unterm 9. 9b. 1719 desfalls erlassenen gnädigsten Verordnung auf mehr nicht, dann drey Morgen Akerland, und zwar also, wie solches seines Ortes bey jedesjähriger Steuerrepartition pr. Morgen angeschlagen, und von den Eigenthümern versteuert wird, angesetzt, sohin dabey unterm Namen einer Familien=, oder Nahrungstax hinkünftig nicht über= nommen, was aber sothauer Unserer gnädigsten Verordnung zuwider ein= oder andern Orts von den selben über die Gebuhr executive beygetrieben worden, ihnen befindenden Dingen nach wiedererstattet, und gedeihliche Satisfaktion verschaffet, und damit selbige hierüber nicht beschweret, wie auch deshalben mit fernern Klagen nicht be= helliget werden mögen, solchemnach diese von jedem Jude pr. drey Morgen abzuführende Gewinn= und Gewerbsteuer hinkünftig nicht mehr durch Unsre Steuer empfangende Bediente von jedem Jude in particulari, sondern von zeitlichen Judentributsempfängern, oder wem es sonsten die Vorgänger kommittieren werden, gleich den jährlichen Tributsgeldern eingetrieben, und von diesen benelbten Unsren Steuer empfangenden Bedienten jedes Ortes nach Proportion der Anzahl der im selbigen Distrikte wohnenden Juden, wie auch des auf jeden Morgen bey der Landsteuer repartierten Quantums bey erfassenen Steuerzahlungsterminen in einer Summe nebens darab gebührlichen gnädigst regulierten Hebgelbs bezahlet, darauf von diesen die Zahlung auf einen Extractum Protocolli repar- titionis mit Beysetzung des pr. Morgen repartierten Quantums, wie auch der Anzahl der im selbigen Distrikte wohnenden Juden quittiert, bey hinterbleibender Zahlung aber der vermögendste Jud selbigen Distrikt für die andere von Unserm Steuereinpfänger mit der Steuerexekution belegt werden, da immittels die mit diesem durchgehends gleichen Steueranschlag graviert zu seyn vermeynende unvermögliche Juden dießfalls bey den Vorgängern, und Vorstehern um Nachlaß ansuchen, und diese solchen nach Ertrag jeden Gewinnes und Gewerbes ihnen angedeihen lassen, hingegen andren mehr ver= mögenden ansetzen mögen. Ueber das

5to. hinfüro kein Jud zum Geleit, oder Transferierung seiner Wohnung von einem Orte zum andern zugelassen werden, es geschehe dann mit vorherigen Gutbefinden, Einwilligung, und Vorschlag der zeitlichen Vorgänger, und Vorsteher, und gleichwie

6to. in dieser neuen Konceffion sämmtliche in Unsern Gülich- und Bergischen Aemtern, fort Pfand- und Unterherrschaften wohnende Juden, ohne Ausnahme mitbegriffen, und zu allem der Judenschaft anfliegenden Tribut, und sonstigen Erfordernissen zu konkurrieren schuldig, und gehalten sind, also hingegen denselben durch Fremde kein Eintrag geschehen, mithin keinen fremden Juden in Unsren Gülich- und Bergischen Landen sich aufzuhalten, noch mit Waaren zu handeln erlaubt seyn, es wäre dann, daß er einen von dem Vorgänger ausgestellten Paßierschein, und über die Zahlung des Zolles an die Judenschaft eine Quittung des jüdischen Zolleinnehmers vorweisen könne; die jenigen fremden aber, so sich unter dem Vorwande betreibender Prozessen, oder aus andren dergleichen Ursachen im Lande einfinden, und lange Zeit ohne das mindeste beyzutragen aufhalten, unter der Hand gleichwohl mit allerhand Unterschleifen umgehen, auf des Vorgängers geziemende Anzeige alsofort aus dem Lande geschafft, dem Vorgänger anbey freystehen solle, dergleichen fremde Juden auf Betrettungsfall sofort zu arretieren, und so lange anzubehalten, bis daran die selben sich mit der Gemeinde abgefunden haben, insonderheit auch

7mo. denen Vorgängern, und Vorstehern freystehen, und erlaubt seyn solle, den Saumseligen in Tributszahlung, oder sonstigen zu der Gemeinde gehörigen so wohl, als Armen-Geldern die Exelution einzulegen, den Empfängern auch zwar die Exelution zu verschicken verstattet seyn solle, jedoch anders nicht, dann auf vorläufige bey ermeldten Vorgängern, und Vorstehern gethane Anfrage, und abgewartetes Gutbefinden, wie dann auch Wir letzterm frey lassen, zu Einrichtung der Tributszahlung, fort Ueberlegung sonstiger gemeinschaftlicher Angelegenheiten eine Generalkonvokation nach einem von ihnen zu bestimmenden Ort auszuschreiben; es sollen aber selbige auf solchen Fall bey Unserer Regierung anvorderst die gebührende Anzeige jedesmal zu thun, und die Ursachen sothaner Konvokation nebst dem Orte und Zeit ordentlich beyzusetzen, und alsdann ein jeder berufener auf Tag und Stunde, so viel möglich, zu erscheinen, und ihnen Vorgängern, und Vorstehern mit Rathe und That an Hand zu gehen gehalten seyn; die Beamte Loci auch ihnen dabey keine Hinderniß in Weg legen, sondern all erforderlichen Vorschub leisten, damit auch

8vo. wann zwischen Jude und Juden Differentien außerhalb Kriminalsachen, es seye Heyraths- oder das jüdische Zeremoniel- betreffende Vorfallenheiten, sich ereignen sollen, solche von der Gemeinde Judenschafts-Rabinern decidiert, und ausgemacht werden, doch auch dem jenigen von beyden Theilen, so mit solcher Entscheidung gra- viert zu seyn vermeynten würde, zu einem andern unpartheyischen Rabiner zu provocieren, und abzuberufen, auch daselbst die Sache zum Schluße prosequieren frey stehen; im Falle aber die Judenschaft über den Innhalt gegenwärtiger neuer Geleitsverleihung, und deren ertheilenden Geleitspatenten fürs künftige einiges Beschwer mit Fug zu erheben, und anzubringen haben möchte, soll selbiges von Unserm hiezu specialiter committierten Gülich- und Bergischen geheimen Räthen Tit. von Grein, und Knapp untersucht, und abgethan werden; und weilen

9no. durch die bisherige Verpfachtung des auswendigen Juden- leibzolls viele Unterschleife verspühret worden, also haben Wir solchen hinwiederum einzuziehen, sofort der gemeinen Judenschaft, wie vorhin, zu überlassen gnädigst gutgefunden, also zwar, daß künftighin, nach ermelter zeitlicher Vorgänger, und Vorsteher Gut- dünken solcher zum Besten der allgemeinen Judenschaft, entweder in Pfachtung wieder ausgethan, oder durch eigends anzustellende Empfänger besorget, und eingenommen werden möge, wollen auch hinfüro in Betreff der von jeden Orts Vogte, und Rentmeister, in Fällen, wo ein Judenkind zur Welt gebohren, oder ein Jud ablebig wird, bisher ohne Unterschied des Geschlechtes genossenen Gebühr es solchergestalt gehalten wissen, daß in solchen Begebenheiten von nun an nur ein Goldgulden, nicht zwar von dem weiblichen sondern lediglich von dem männlichen Geschlechte zu Anweisung der Begräbniß bezahlet werden, mithin das weibliche hievon durchaus frey seyn solle, und damit:

10mo. die gemeine Judenschaft tüchtige und rechtschaffne Vor- gänger, und Vorsteher haben möge, so sollen pro futuro von zeit- lichem Vorgänger, und Vorsteher zwölf Personen in Vorschlag ge- bracht, daraus drey zu gemeinen Vorgängern, und drey zu Vorstehern von den zur Wahle bevollmächtigten erwehlet werden, bey solchen Vorschlag aber die Empfänger von Vorgängern, und Vorstehern allein bestellet werden sollen, da auch

11mo. bey der gemeinen Judenschaft über die oben Art.: 2do. bestimmte Familienzahl ohngefähr zehn befreyte bisher gewesen, welche für die unvermögenden Aeltesten, und zween Schuldiener, Vorsinger, Schulklöpfer, Schreiber, und Bothen das Amt zu verrichten haben, also es auch in Zukunft dabey sein verbleiben haben, jedoch diese Personen von zeitlichen Vorgängern, und Vorstehern allein angeordnet, sodann für jedes von Unserer Hoftammer ausgefertigt werdendes Patent an Kanzleygebühr mehr nicht dann zween Reichsthaler entrichtet werden.

Ferner sollen nach Maaßgebung der jüngern Geleitskoncession die Vorgänger, fort der älteste Vorsteher und Rabiner in dem Orte, wo sie wohnen, von allen Kriegs= und Einquartierungs=, auch sonstigen dergleichen Lasten frey bleiben, kein Jud auch auf einen Sabbath, oder jüdischen Feyertage mit einer Citation, oder Exekution beläftiget werden dörfen. Wir wollen auch,

12mo. auf daß in Zukunft die vergeleitete Juden auf dem Lande, in Dörfern, und Städten, vom Gesindel, und Jugend ferner nicht molestiert, und in ihrer Nahrung gestöret werden, durch Unsere nachgesetzte Gülich= und Bergische Regierung eine Generalverordnung zu jedermanns Wissenschaft gnädigst ergehen, und dahin publicieren lassen, daß, wenn sich dagegen eine Kontravention ereignen würde, ihnen alsdann prompte summarische Justiz mit Statuierung abschröckenden Exempels angedeihen solle; In Ansehung all obigen vielerwehnter Judenschaft verliehenen Gnaden aber solle

13^{tio.} selbige schuldig und gehalten seyn, einschließlich der von Unserer Hoftammer, vor dieser neuen Geleitskoncession àparte vergeleitet gewesenen, wie auch der in Pfand= und Unterherrschaften wohnenden, das Land mitnieß= und nutenden Juden, für Erkaufung dieses neuen Geleites auf obverstandene sechszehn stete Jahre zum trockenen Weinkauf, wie auch Erkenntlichkeit, oder Kronensteuer zehntausend Gulden in einer unzertheilten Summe zu Unserer Landrentmeisterey in Düsseldorf baar erlegen, annebens zum jährlichen Tribut Viertausend Gulden a prima Aug: nächstkünftig anzufangen, bis nach Umlauf der placibierten sechszehn Geleitsjahren zu entrichten, fort quartaliter mit eintausend Gulden cour. zu Unserer darumtigen Hoftammer richtig einzuliefern schuldig seyn, wozu Wir dann selbige hiemit ausdrücklich anweisen, zugleich aber auch gnädigst erklären, selbige bei dem buchstäblichen Innhalt all obiger Punkte kräftigst handhaben zu wollen, auch solch gemessene Verordnungen ergehen

Erneuerte Geleits-Konzession für die julich und berg. Judenschaft.

zu laſſen, wodurch all ſolchen genaueſt nachgelebet, und dawider im geringſten nicht gehandelt werden ſolle.

Urkund Unſerer höchſthändiger Unterſchrift, und anhangenden geheimen Kanzleyſekretinſiegels.

München, den 21. Brachmonats 1779.

Carl Theodor m. p.

vt. Frh. von Hompesch.

Ad Mandatum Serenissimi Domini Electoris pprium.

P. Vollmar."

Miscellen.

Kirchenorgel in der St. Lambertus-Kirche.

1823 ging man mit dem Plane um, die Orgel zu verlegen. Regierungsrat von Pagebes versprach die Orgel wie Orgelbühne zu besichtigen und zuzusehen, welchen Platz man wählen solle. 1834 war es kein anderer als der Musikdirektor Mendelssohn-Bartholdy, welcher bei der K. Regierung den Antrag stellte, Orgel wie Orgelbühne zu verbessern. Orgelbauer Weiß erhielt den Auftrag, einen Kostenanschlag anzufertigen. 1836 erhielt Musikdirektor Rietz den Auftrag, die (neue?) Orgel zu untersuchen.

Ferber.

Bienenzucht, Hopfenbau und Mineralwasser.

Ludwig Häusser schreibt in seiner Geschichte der Rheinpfalz II pg. 922 über die Regententhätigkeit Karl Theodors u. a.: „Was sich auf leichterem Wege von oben herab erreichen ließ, ward durch Kabinettsbefehle, öffentliche Aufmunterungen und Geldunterstützungen geschaffen; manche Schöpfung dieser Art ist für das Land (die Rheinpfalz) von dauernderem Nutzen gewesen, als viele prahlende Erzeugnisse des monarchischen Hochmuts und der Verschwendung. So ward der Landbau wenigstens da aufgemuntert, wo er der Industrie und dem Fabrikfleiß zu Hülfe kam, mancher neue Zweig, wie z. B. der Bau des Krapps und Hopfens, erhielt jetzt seine erste Pflege, und industrielle Anstalten, die sich darauf gründeten, fanden bei der Regierung thätige Hülfe; Bergwerke, Salinen, Gesundheitsbrunnen wurden unterstützt, Wiesen- und Kleebau aufgemuntert. Wenn auch manche dieser Schöpfungen als zu künstlich schnell untergegangen sind, sobald man aufhörte, sie von oben zu unterhalten, so ist doch wieder anderes stehen geblieben, und in das ganze Land kam ein Trieb nach Thätigkeit, Handel und Gewerbfleiß." Die folgenden, aus den Jülich= und Bergischen Wöchentlichen Nachrichten entnommenen Notizen mögen als Illustration dieser Worte und als Beweis dafür dienen, wie die Regierung Karl Theodors dasselbe Verwaltungsprinzip auch auf ihre hieruntigen Lande und nach heutigem Stande der Verhältnisse mit gleichem Erfolg ausdehnte. Bienenzucht und Hopfenbau sollten den Wohlstand fördern helfen, aber als die Prämien für die erstere sich mehrten, kam eine zweite Verfügung, welche ihre Auszahlung an neue erschwerende Bedingungen knüpfte, und die Nachrichten über die Prämien verschwinden in dem amtlichen Organ der Behörde.

Liebe Getreue. Denen, welche Bienen fleißig gezogen haben, wird voraus bekant seyn, was für ein beträchtlicher Nutzen daraus geschaffet werden könne. Da nun Uns zum besonderen Gefallen gereichen würde, wan Unsere Unterthanen sich durchgehends fleißiger, dan bis hiehin geschehen, darauf begäben; So haben Wir gnädigst entschlossen, aus Amts=Mittelen bey der Haubtsteur=Repartition, welcher im negstkünftigen Jahr anfangend in dem Ambt anzeigen wird, zehn Bienenstöck selbst angezogen, und überwintert zu haben, 2. Rthlr., für zwantzig derley Bienenstöck, 5. Rthlr., für dreyßig Bienenstöck, 8. Rthlr., für viertzig 12. Rthlr., für fünfzig 20. Rthlr., und für hundert Stöck 30. Rthlr. zur Recompence beynehmen und genießen zu lassen.

Jedem ist nicht weniger bekant, daß, obwohl die Hopfe leicht gezogen werden könne, und vielen Nutzen verschaffet, diese dannoch in hieruntigen Unseren Landen so wenig gepflantzet werde, daß selbe für die Quantität, so fürs Land erfordert wird, nicht zureiche, und darum der Abgang aus anderen Landen, womit vieles Gelt ausgehet, hergeholet werden müsse: Wir befehlen dahero gnädigst, daß bey jedem Hauß in denen Dörfferen, und auf dem platten Land ein proportionirlicher Hopfen=Garten angelegt, oder diese von denen, welche zum Ankauf der nöthigen Stangen nicht im Stande seynd, an die Hecken gepflantzet werden solle, mit der ernstlicher Warnung, daß der, oder diejenige, welche nach dem Jahr 1772 werden befunden werden, diesem nicht nachgelebt zu haben, mit Straf eines Rthlr. jährlichs angesehen werden sollen.

Und gleichwie übrigens das Wachsthum des Holtzes für Land und Leute ein beträchtlicher Artickel ist; Also befehlen Wir ferner

gnädigst, daß ihr die Unterthanen zur beßeren Versehung der Wal=
bungen, und Besorgung der Abhängen bestens anfrischen, auch pub-
liciren laßen sollet, daß jeder an statt der Zäunen lebendige Hecken
bey negster darzu bequemer Jahreszeit ungesäumt dergestalt setzen
solle, damit nach Verlauf von sechs Jahren alle Zäune ausgeworffen
werden können, wo sonsten solche Auswerffung von Ambtswegen
wird verfüget, und das Holtz der Zäunen confiscirt werden. Wir
versehen Uns gnädigst, daß ihr, wie ein= und anderes befolget
werde, pflichtmäßig beobachten, und von Zeit zu Zeit darüber unter=
thänigst berichten werdet. Düsseldorf, den 13. 7bris 1771.

An statt und von wegen
Höchstgemelt Ihrer Churfürstl. Durchl.
Graff von Goltstein.

Ihro Churfürstliche Durchlaucht haben auf unterthänigst
einerstatteten Bericht denen beyden Eingesessenen in der Freyheit
Angerumnd Matheis Blomen und Theodor Brockes wegen daß
ersterer 60 und letzterer 22 Bienenstöck angezogen und überwintert
haben, die in der gnädigsten General=Verordnung vom 17. 7ber
vorigen Jahrs enthaltene Belohnung von 22 Rthlr. respectivè
und 5 Rthlr. 30 Stüber gnädigst zuzuwenden geruhet; Welches
anburch zu jedermanns Nachricht bekant gemacht wird.

Dienstag, den 31. Martii 1772.

Gleichwie in dem Gülischen Amt Geilenkirchen neunzehen Ein=
gesessene aus verschiedenen Dorfschaften der eine mehr, der andere
aber weniger, zusammen jedoch vier hundert siebenzig neue Bienen=
stöck von eigener Zucht überwintert und erhalten haben: Also ist
diesen auch die gnädigst festgestelte Belohnung angedeihen zu laßen
würcklich den 22. April gnädigst befohlen worden.

Dienstag, den 28. April 1772.

Indem von siebenzehn Personen in dem Amt Heinsberg im
Jahr 1771 in 1772 sechshundert und vierzig Stück Bienen ange=
zogen und überwintert worden, so wird anburch bekant gemacht,
daß diesen auch die in dem Generali gnädigst vestgestelte Belohnung
wiederfahren seyn.

Dienstag, den 24. Nov. 1772.

Nachdem Eingesessene Dorfs Dünwald Stephan Engels, Lambert
Siegen, Henrich Löhe, Henrich Rolshoven, und Henrich Fürth zu=
sammen 160 Bienenstöck überwintert haben, und denenselben desfals
das Praemium ad Lit. Generalis de 13tia 7bris 1771 ange=

behen laſſen, als wird ſolches nachrichtlich und zur Nacheiferung hiemit bekannt gemacht. Düſſeldorf, den 26. October 1773.

Dienstag, den 2. Nov. 1773.

Nachdem der Reformirte Prediger zu Mülheim am Rhein Beſſerer zwanzig fünf Bienen-Stöck überwintert hat, und dahero demſelben das gewöhnliche Prämium abzuführen gnädigſt verordnet worden, als wird ſolches jedermänniglich hiemit bekannt gemacht. Düſſeldorf, den 31. May 1774.

Dienstag, den 7. Juny 1774.

Ihro Churfürſtl. Durchl. haben gnädigſt verordnet, denen Eingeſeſſenen Amts Dahlen wegen überwinterten Bienenſtöck die zugedachte Prämia, und zwarn dem Joan Mols zu Dahlen wegen 26 Stöck 5 Rthlr., im Kirſpel Dahlen Mattheis Gripekoven wegen 25 Stöck 5 Rthlr., Peter Kufen 5 Rthlr., Frans Merbecks wegen 20 5 Rthlr., Peter Merbecks wegen 33 8 Rthlr., Gerard Jurſen wegen 10 2 Rthlr., Mattheis Serſers wegen 10 2 Rthlr., Evert Philipſen wegen 40 12 Rthlr., Henrich Krappen wegen 10 2 Rthlr., Gerard Wolters 2 Rthlr., Herman Cüppers wegen 20 5 Rthlr., Michael Hillers wegen 10 2 Rthlr., Jacob Friſar, Thomas Lenzen, Jacob Rahmen, Mutt Baumß, Henrich Erren, Chriſtoph Lamberts, Wittib Joann Thielen, Winand Thomaſen wegen 10 Stöck jeden 2 Rthlr., ſodan im Dorf Benrath Peter Burg und Henrich Eſſers ebener maſſen jedem 2 Rthlr. wegen 10 Bienenſtöck auszahlen zu laſſen. Düſſeldorf, den 7. Juny 1774.

Dienstag, den 14. Juny 1774.

Ihre Churfürſtl. Durchl. haben gnädigſt geruhet, für die in dem Gülischen Amte Caſter pro Anno 1773 in 1774 überwinterte 812 Bienenſtöcke die durch General-Verordnung gnädigſt beſtimmte Praemien auszahlen zu laſſen, ſodann dem Jacob Röntgen und Jacob Kritz aus dem Bergiſchen Amte Vorneſeld für die von jeglichem überwinterte 10 dergleichen Stöcke einem jeden 2 Rthlr. gnädigſt zuzuerkennen.

Dienstag, den 17. Januar 1775.

Die zur Beförderung der Bienenzucht auf die Überwinterung der Bienen geſetzten Prämien ſollen nur dann ausgezahlt werden, wenn dieſe Überwinterung nach einer neuen, vorgeſchriebenen Methode ſtattfindet. Der Diebſtahl eines Bienenſtockes ſoll mit 10jähriger Zuchthausſtrafe, und die der Bienenzucht ſchädliche Tötung der Bienen mit 2 Rthlr. für jeden Stock beſtraft werden. Die

Bienenzucht soll nie mit Steuern und Abgaben belegt werden und nur deren Ertrag, Wachs und Honig, nie aber die Stöcke selbst bei Exekutionen wegen Steuer- und Kameralrückständen angreifbar sein. Den 10. Jan. 1775. (Scotti, Gesetze II. pg. 635 Nr. 2110.)

Im Jahre 1773 sollte Berg seinen Gesundbrunnen erhalten, um auch hierin nicht hinter anderen, von der Natur mehr begünstigten Ländern zurückzubleiben. Im Dorfe Ullenthal bei Elberfeld glaubte man in einer scheinbar geringe Mengen Eisen enthaltenden Quelle das heilkräftige Mineralwasser entdeckt zu haben, wie die nachfolgend mitgeteilte Analyse beweist. Sie ist nicht bloß als Kuriosum zu betrachten, denn sie eröffnet auch einen Einblick in die chemischen Kenntnisse der Zeit insonderheit der hiesigen Lande. Wenn sie das Durchschnittsmaß derselben offenbart, und vermutlich stellt sie mehr dar, dann macht heute jeder Primaner einer höheren Lehranstalt, die praktische Arbeiten auf dem Gebiet der Chemie seitens ihrer Schüler in den Lehrplan aufgenommen hat, mindestens ebenso gute, meistens bessere qualitative Analysen, und quantitative sind dem „in der Chymie wohlerfahrenen Apotheker Hengstenberg" natürlich ganz unbekannt. Die Sache selbst muß im vorigen Jahrhundert nicht ohne Folgen gewesen sein. Noch heute heißt nach der Generalstabskarte ein Teil des Ortes „Am Brunnen."

Vorläufige Nachricht von einem Mineralwasser zu Ullendahl, welches im Bergischen eine Stunde von Elberfeld und eine halbe Stunde von der Gemarden abliegt.

Man hat albereits vor ohngefehr 30 Jahren, ein bey Ullendahl hervorquellendes Wasser wahrgenommen, dessen Geschmack von andern Wasseren verschieden ware, und welches diejenige, so Mineralwasser kannten, vor dergleichen Art hielten.

Verschiedene tranken es anfänglich aus Neugierde, und wurden gewahr, daß es die Lust zum Essen beförderte.

Der Doctor Scheer hat es zu seiner Zeit einigen Leuten angeraten, ohne seinen Gehalt zu untersuchen. Ich habe aber nicht erfahren können, was es damals für Würkungen gethan: Weiter hat sich sonst kein Medicus drum bekümmert.

Gemeine Leute haben damit verschiedene Versuche gemacht, man hat befunden, daß es bey Frauenspersonen, die ihre monatliche Reinigung entweder nicht, oder unordentlich hatten, vortrefliche Würkung gethan, dieselbe in Ordnung gebracht, auch bei verschiedenen, das daher entstandene Nasenbluten gestillet. Leute, die alte offene

Schäden hatten, sind so wohl durch den äusserlichen, als innerlichen Gebrauch ganz besser, oder doch erleichtert worden.

Ein langweiliger, und mit einer Mattigkeit und Schwäche des ganzen Körpers verbundene Husten, wogegen alles vergeblich gebraucht, ist durch den Gebrauch, glücklich und ganz gehoben worden, und dergleichen mehr.

Ich habe dieses Wasser vor 3 Jahren schon untersucht, und die damit angestellte Versuche aufgezeichnet. Weil aber die Quelle schwach, an einem unbequemen Orte, gleich neben der Fahrstrasse befindlich wäre, und also theils von fremden zufliessenden Wasser geschwächet, theils durch alle die Unreinigkeiten verdorben werden konte, so fande Bedenken, meine Versuche, und die aus dem Inhalt hergeleitete Würkungen bekant zu machen: Nun aber hat man die Quelle sauber und rein, man hat sie in einem Stollen, so wie sie aus dem Berge herausspringet, man kan das Wasser an einen bequämen Ort leiten, und springend machen.

Ich habe es also vor meine Schuldigkeit gehalten, dem gemeinen Wesen davon Nachricht zu geben.

Die ganze Gegend ist voll von Schwefelkiesen, die einen Vitriol enthalten, wovon man durch Proben gewiß ist.

Das Wasser springt ohngefähr dreyßig Fuß unter der Oberfläche der Erde, in einem, auf einer abhängigen Wiese, getriebenen Stollen, ganz klar und helle aus einem Schieffer, der über sich einen bläulichen verhärteten Letten hat, welcher voller blänkender Flimmeren, und Schwefelkiesig ist: Dieser Letten ist fett und schmierig wie eine Seiffe anzufühlen.

Es quillet sehr stark aus dem Schieffer heraus, und es würde auch bey einem sehr starken Verbrauch niemals an Wasser fehlen, verlöre sich in dem heissesten Sommer nicht.

Seine Eigenschaften sind folgende.

1. Es ist von Geschmack vitriolisch oder bintenartig, allein gar nicht unangenehm.

2. Kocht man es, so wird es nur gelblich, dahingegen das Schwelmerwasser, durch das Kochen ganz trüb wird, als ob man Leimen darin gerührt hätte.

3. Von darin geworfenen Theeboy wird es schwärzlich, von Galläpfel=Pulver violet, so daß die Farbe im Glaß, wan man dagegen siehet, in das schwarze zu fallen scheinet. Mit den abge=

kochten Galläpfel wird es erst röthlich, nach einer kurzen Zeit dunkeler roth.

4. Es verändert die blaue Farbe des Violen=Syrups, in eine grüne.

5. Wird es mit Vitriolgeist vermischt, so steigen zarte Luft= Bläsgen in die Höhe, mit Salpetergeist gar keine. Es giebt mit Weineßig aufsteigende Luftbläsgen, und dem Augenschein nach noch mehr als mit dem Vitriolgeist.

6. Es verändert sich nicht mit dem zerschmolzenen Weinsteinöhl, ongeachtet ich nach und nach ziemlich viel dieses Oels darein ge= tröpfet. Die Farbe fiel nur ein wenig in das gelbe. Es gab auch keine Veränderung durch Beimischung des wässerigen= mit Kalch bereiteten Salmiack=Geistes. Es enstande weder Bläsgen, noch ein Niederschlag.

7. Es veränderte sich auch nicht durch den zugemischten Bley= eßig. Es fiele nichts daraus zu Boden, es entstanden nur einige Luftbläsgen. Jedoch weniger als bey dem blosen Weineßig.

8. Vier niederrheinische Pfund davon wurden verdünstet; als es so weit verdünstet, daß nur noch ungefähr ein Löffel voll übrig ware, so fande in dem Schüsselchen einen braunen Bodensatz, an dem darüber stehendem Flüßigen konte ich noch nichts salziges durch Verkosten entdecken, ohngeachtet sich bey der völligen Austrocknung, etwas weniges davon zeigte. Als es ganz trocken ware, und einige Zeit gestanden, so fande daß in der Mitte des Schüsselchens ein bräunliches Pulver lage, rings herum ware ein an dem Schüsselchen anklebender, ganz brauner Ring, welcher am Ende des Verdunstens hart und trocken gewesen, nunmehro aber weich und schmierig ge= worden, und von der Luft geschmolzen ware. Dieses weich und zerflossene Wesen schmeckte salzig und laugenhaftig. Das in der Mitte des Schüsselchens liegende Pulver hatte blinkende Flimmergen, die durch ein Hand=Mikroscop besehen, wie Flimmeren eines Schwefel= Kieses aussahen.

Alles aus den 4 Pfund übriggebliebene Pulver woge nur 4 Gran, das wenige, so von dem Schüsselchen nicht abzubringen ware, konnte nicht wohl mehr als ein halben Gran ausbringen. Beträgt also der Inhalt des Pulvers in einem niederrheinischen Pfund nur etwas mehr als ein Gran. Ich schüttete auf das Pulver ein sehr geschmächten Vitriolgeist, es erschienen nur wenige Luftbläsgen, mehrere aber, als man ihn auf dasjenige braunscheinende Wesen, so an dem Rande des Schüsselchens gewesen, geschüttet.

Vitriolgeist lösete jedoch nichts von dem Pulver auf, es bliebe in demselben unverändert liegen.

Die Versuche, so ich vor drey Jahre, und ferner in den vorigen Jahren mit dem Ullenbahler-Wasser angestellt, sind von den jezigen in gar wenigen unterschieden, daß ich also dahin urtheile, daß jezige Wasser ist dasselbe, was auch vorhin ausquolle, nur allein daß es durch fremde und Nebenumstände etwas verändert worden, so wurde z. B. das vorige Wasser mit dem aufgelösten Bleyzucker weislich, und gabe einen weisen Bodensatz.

Diese Erscheinung leite ich von anderen damit vermischten Wasseren her. Dan alle hiesige, und hierum nach dieser Seite quellende Wasser, geben mit vermischtem Bleyzucker dergleichen Farb und Satz.

Es gibt es auch die Lage des Ortes, wo die jezige Quelle springt, an, daß diese Quelle, und das vorige Wasser, fast einerley gewesen seye.

9. Eine braune Erde, wie derjenigen Nr. 8 ähnlich zeigt sich einen ziemlichen Strich von dem Ausfluß an auf dem Boden, wohin das Wasser lauft, und wo es etwas stehet, da gibt es auf der Oberfläche spielende Farben. Es erhellet also aus Nr. 1. 2. 3. 4. auch aus 3. 8., daß dieses Mineralwasser eine Eisenerde enthalte, wiewohl in kleiner Quantität Nr. 8.

Daß diese eingemischte Eisenerde ganz zart sey, beweisen theils die zarte Farben Nr. 2 als auch die überbleibende Erde selbst Nr. 8.

Man muß sich also billig verwunderen, woher der ziemlich starke vitriolische Geschmack komt, da das Principium martiale in so kleiner Quantität darin verborgen ist.

Daß es etwas weniges von einem Sale alcalino enthalte, beweiset Nr. 5 und 8, daher vielleicht die wenige Luftbläsgen entstehen, die bey Zugiessung des Vitriolgeistes und Weinessigs aufsteigen.

Daß es eine Kalcherde enthalte, erhellet aus Nr. 7, daß kein Acidum darinnen sey, oder daß die Eisen-Erde mit keinem Acido vitrioli aufgelöst, oder verbunden darinnen befindlich ist, zeigt Nr. 6.

Es ist demnach unser Ullenbahler-Quelle ein Mineral-Wasser, welches eine sehr zarte und subtile Eisen-Erde in sich enthält, und welche mit dem Wasser durch ein alcalinisches Principium verbunden ist.

Diese angeführte Versuche sind nur als vorläuffige anzusehen, künftighin sollen deren mehrere angestelt, und die Curen, so damit geschehen, bekant gemacht werden.

Ich glaube, daß sich dieses Wasser in wohl=verstopft= und verharzten Bouteillen wird lange Zeit verwahren und verführen lassen.

Zum Beschluß gedenke, daß ich alle Versuche mit Zuziehung unseres geschickten, und in der Chymie wohlerfahrenen Apothekers N. Hengstenbergs gemacht habe.

Dinkler.

Ein merkwürdiger Abend meines Lebens, oder glückliche Abwendung einer Pulver=Explosion.

(Eine wahre Begebenheit.)

Es war im Jahre 1813 im Dezember, als die hohen Alliierten, um die Franzosen vollends aus Deutschland zu vertreiben, den Übergang über den Rhein vorbereiten ließen. Russische Einquartierung folgte damals und wechselte mit Einquartierung fast täglich in drei und vierfacher Art. Zur selbigen Zeit wohnte ich als Geschäftsführer, 30 Jahre alt, in einer Farb= und Materialienhandlung bei Witwe R(övelmann) hier in Düsseldorf. Dieselbe hatte, um die fast täglich auf 6—8 Mann gesteigerte Einquartierung bequem aufzunehmen, ein großes tapeziertes Zimmer in der 1. Etage hergegeben, das mit einem für den kalten Winter gut heizenden Ofen versehen war. Dieses Zimmers, als des einzigen von solcher Größe in der Nachbarschaft, bedienten sich nun einige Male die Russen, um die bei ihrem Kultus oder sonst zur Zeit üblichen Feste zu feiern, wo dann in dulci jubilo Bier und Schnaps getrunken und Wurst, Weißbrot ꝛc. unter Absingung russischer Nationallieder gespeist wurde. Eines Nachmittags nun, an dem sich ein Sturmwind erhoben hatte, der bis Mitternacht heftig wütete, sah ich, daß die benachbarte Einquartierung, wie sonst zur Vorbereitung eines Festes zu geschehen pflegte, Tische, Stühle und Bänke in unser Haus nach dem 1. Stocke brachte. Das war nun, da es bei den begangenen Festen schon oft geschehen war, etwas Gewöhnliches für uns; jedoch entstand in mir eine dunkle Besorgnis, als ich auch sah, daß 4 kleine neue Fäßchen nach oben gebracht wurden. Allein meine Besorglichkeit wurde bald durch die dringenden Geschäfte, welche ich damals allein auszuführen hatte, verscheucht und vergessen. Am Abend um 1½ Uhr fanden sich alle geladenen Russen mit 2 Korporalen oder Gefreiten im großen Zimmer ein. Die Tische wurden geordnet, die Stühle und Bänke gesetzt, wie man unten wohl vernehmen konnte, die Lichter angezündet, Bier und Schnaps in Krügen herbeigeholt, gesungen und gepfiffen, und wir glaubten, daß diesmal ein großes Fest gefeiert würde, denn der Lärm war ungewöhnlich. Abends um 7 Uhr brachte die Magd der Einquartierung das Abendessen hinauf. Ich stand im Laden an den Thürpfosten gelehnt, so daß ich deutlich vernehmen konnte, wie die Magd nach geöffneter Zimmerthür den Schreckensruf ausstieß: „Gott stehe uns bei!" und augenblicklich in der größten Angst die Treppe hinunterstürzte. Auf meine schnelle Frage: „Was ist zu thun, Kath?" stotterte sie zitternd und bebend: „Ach Gott, wir sind alle verloren? Die Soldaten machen da oben bei brennenden Lichtern in Saus und Braus Schießpatronen; in den Fäßchen ist Pulver. Herr Gott, wie es draußen stürmt und tobt!"

„Was", sagte ich, im ersten Augenblick auch von Angst ergriffen, „es ist nicht möglich, Ihr habt Euch versehen; die Soldaten wissen wohl gar zu gut, daß sie in ihrem Quartier keine Patronen machen dürfen; sie thun vielleicht etwas anderes, was Euch nur so schien."

„Nein, nein", erwiderte die Magd, „ich habe recht gesehen."

Unsere gegenseitigen Reden hatte Madame R. in einiger Entfernung ohne unser Wissen mit angehört und eilte nun von Schrecken durchbebt weinend herbei und frug die Magd, ob sie ganz sicher sei, daß die Soldaten oben Patronen fabrizierten.

„Ja, ja, ich habe es ganz deutlich gesehen", antwortete dieselbe.

„Dann fort, fort aus diesem sichern Totengrabe", jammerte Madame R.

Mittlerweile hatte ich mehr Ruhe und Überlegung gewonnen.

„Nur ruhig, ruhig", sagte ich, „wir stehen ja hier noch unverletzt, nur mit Vorsicht und Gottes Beistand begonnen."

„Gehen wir zur Polizei", äußerte Madame R.

„Das kann meines Erachtens nichts nützen", erwiderte ich, „sie ist vielleicht auch jetzt nicht einmal auf dem Rathause, da man dieselbe überall verlangt, und es wird zuviel Zeit verloren, denn jede Minute hat ihren Wert — zum Kommandanten. — Wer soll Sie denn aber in meiner Abwesenheit vor den halb betrunkenen Soldaten, die so oft herunterkommen, schützen, und da giebt es auch so viel zu thun, wie wir ja noch vor kurzem erfahren haben."

Es ahnte mir dabei nichts Gutes; die unmenschliche Strafe, die ihnen drohte, und ich nur einmal sah, hielt mich auch ab.

„Halt", sagte ich, „wir wissen ja noch nichts Sicheres, ich will mich selbst überzeugen."

In dunkler Ahnung schritt ich in einem Nu die Treppe hinauf, öffnete die Zimmerthür, woraus mir ein Qualm von Tabaksdampf und Hitze wie aus einer Badestube entgegenströmte. Bei dem entsetzlichen Anblick, was da vor sich ging, und was ich da sah, starrten vor Schrecken alle meine Glieder. Jedes Haar auf dem Kopfe war in Bewegung und der Gedanke, Gott! hier kannst Du nur helfen, durchbebte Herz und Seele. Was hatte ich also gesehen? Kaum glaublich und dennoch buchstäblich wahr. Einen rundum glühenden Ofen, in dessen Nähe ein Fäßchen, wahrscheinlich mit Pulver, mehrere Lichter auf dem Tische, zwischen jedem Licht eine Masse Pulver, wovon 2 und 2 Mann gegenüber Patronen verfertigten. Einige rauchten sogar aus kurzen Pfeifen. Zirka 20 Soldaten waren so im Singen und Jubeln begriffen, daß keiner mich gesehen und gehört hatte. Sie mochten wohl alle betrunken sein. Welch eine Enttäuschung! Wahrlich ein herrliches Fest, daß sehr leicht mit einer Luftexpedition hätte enden können. Ich schloß die Thür zu, stieg die Treppe herab zu der unten wartenden Madame R. mit einer schlecht erheuchelten Ruhe. Dieselbe frug mich hastig, was ich oben gesehen, und ich konnte leider nur die Aussage der Magd bestätigen. Die Gefahr war aber noch viel größer, denn der Sturm wurde immer heftiger, und es wäre sicher durch die Pulverexplosion eine furchtbare Feuersbrunst ausgebrochen. Ich schwieg einige Zeit, mit mir selbst überlegend; mein Entschluß war bald zur Reife gediehen, und ich sagte zu Madame R:

„Ich will dem bevorstehenden furchtbaren Unglücke mit des Allmächtigen Hülfe und Beistand selbst zu steuern suchen. Thun Sie mir den Gefallen, und gehen Sie mit der Magd in das entferntere Hinterhaus. Dort sind Sie meines Erachtens sicher. Gott der Allwaltende wird mich hoffentlich nach weggeräumter und überstandener Gefahr glücklich Ihnen zuführen."

Sie gingen beide mit beklommenen Herzen; ich war nun allein in dem schmalen langen Gange, der von der Küche ins Vorhaus führte. Hier war es, wo ich das inbrünstigste Gebet verrichtete, welches mir je aus Herz und Seele stieg.

„Ewiger!" bat ich, „wie oft hast Du mich nicht bei vollem Vertrauen auf Deine Güte aus großer augenscheinlicher Lebensgefahr errettet, jetzt, wo ein schrecklich drohendes Unglück auf dem Punkt steht, über die ganze Stadt loszubrechen, wirst Du mir Deinen Beistand zur Abwendung desselben nicht versagen."

O, dieser Gedanke des Vertrauens war Salbung für meine geängstigte Seele, Ruhe für mein pochendes Herz, und trieb mich schnell zum Werke, denn jede Minute war wichtig und kostbar. Kein Bewohner Düsseldorfs ahnte wohl die schreckliche Gefahr. Mit welch einem Mute sprang ich nun, jeder Gefahr im voraus trotzend, die Treppe hinauf, ich hatte ja den Ewigen angerufen, und die Gewißheit seiner Hülfe war mir zugeflüstert worden.

Wie anders als zum ersten Male öffnete ich die Thür, welche ich nun, um der unausstehlichen Hitze Ausgang zu verschaffen, halb offen ließ. Ich ging ein paar Schritte vorwärts, und nachläßig auf den Boden gestreutes Pulver knirschte unter meinen Füßen. Ich forschte nun, wo die Gefahr am größten und am ersten zu entfernen war, und gewahrte, daß ich ihr ganz nahe war, nämlich einem rundum glühenden Ofen, in dessen Nähe ein offenes Pulverfäßchen stand. Dieses schon mehr als warme Fäßchen schob ich in die nächste Ecke des Zimmers, machte die Klappe an der Ofenpfeife und das untere Ofenthürchen zu, um den Zug zu hemmen: Man denke sich nun meine Situation, mir selbst überlassen, jede Sekunde dem Tode, oder verstümmelt unter den Trümmern des Hauses lebendig begraben zu werden, ausgesetzt. Ich betrachtete mit innerer Wehmut die von Hitze, Bier und Schnaps aufgedunsenen Gesichter der arbeitenden, singenden, lärmenden Russen. Nach fruchtloser, ja belachter Aufforderung, die Arbeit zu beendigen, war jetzt die nächste Gefahr von den Tabackspfeifen zu erwarten. 7—8 Russen rauchten und einige sogar ohne Deckel. Kühn schritt ich auf sie zu, faßte die Pfeifen behutsam mit der flachen Hand an, wo ich dieselbe an einigen Stellen in der Höhlung verbrannte, nahm ihnen dieselben aus dem Munde, legte sie gegenüber auf die Fensterbank und sagte in einem sanften Tone: Camerad ny dobbery, ny dobbery.

Einige wurden unwillig und nahmen ihre Pfeifen wieder, andere blieben ruhig, was sie sagten, verstand ich freilich nicht. Jetzt kam es an die Lichter. Es brannten deren mehrere in gewisser Entfernung von einander. Neben jedem Licht befand sich auch eine Lichtscheere, in jedem Zwischenraum von Licht zu Licht lag eine

Masse Pulver in viereckigen Kistchen, wovon, wie gesagt, die Gegenübersitzenden die Patronen unter gellendem Singen und Lärmen verfertigten. Ruhig ergriff ich eine Lichtputze, um das erste, mir zunächststehende Licht zu löschen. Nachdem dies geschehen, schritt ich sprechend: Ny dobbery, Camerad, zum zweiten und dritten, immer vorsichtig die Scheere in der Hand, mich wenig um ihr Geschrei kümmernd, wovon ich auch kein Wort verstand. Nur bemerkte ich, daß sie mir keine Komplimente machten, ebenso, daß sich unter ihnen zwei Parteien bildeten, wovon die eine für, die andere gegen mich räsonnierte. Ich erwiderte nur, ich würde gleich zum Kommandanten gehen und den fragen, wer sie beordert, hier Patronen zu machen. Alle Lichter hatte ich währenddessen bis auf eins gelöscht, und mit diesem begab ich mich in die Ecke des Zimmers, wo das früher hinweggeräumte Pulverfäßchen und ein kleiner Tisch standen. Indem die andern sich noch zankten, verfolgten mich zwei böse Gegner. Der erste gab mir einen Seitenstoß, und der zweite drückte mir sehr unsanft die Faust unter das Kinn. Doch nun brach meine Geduld, und im höchsten Zorne rief ich: „Nichtswürdige! Mit Aufopferung meines eigenen Lebens bin ich im Begriff, das eurige zu retten, und Ihr wollt mich mit Prügeln lohnen! Wenn mich noch einer von Euch anrührt, so werfe ich das Licht in das Pulverfaß, und alle sind wir verloren."

Das wirkte, denn scheu und entsetzt wichen die Trunkenbolde vor meiner drohenden Gestalt zurück. Es mochte ihnen nun wohl klar geworden sein, daß sie so leichtsinnig nicht allein ihr Leben, sondern auch das tausend Anderer aufs Spiel gesetzt hatten. Schnell war Zank und Streit gehoben; das betäubende Schreien von 20 Menschen nahm ein Ende, und die zwei, welche vorher mich gestoßen, faßten mich jetzt bittend bei der Hand und riefen:

„Vater, Vater; nite Vater, führ uns fort."

Die andern schickten sich an zum Einpacken. Es lag schon eine Menge verfertigter Patronen auf dem Boden. Diese wurden nun in die Mäntel gepackt und fortgetragen.

Dobbery, dobbery, brave Camerad, sagte ich, setzte das Licht auf den kleinen Tisch, half mit einpacken, und übergab die noch nicht ganz leeren Pulverfäßchen sicheren Händen.

Binnen einer halben Stunde war alles geschehen und die schreckliche Gefahr vorüber. Nachdem ich nun, um jede vielleicht noch heimliche Gefahr zu entfernen, vorsichtig nachgesehen hatte, fiel ich auf meine Knie, und eine unnennbare Wonne des Dankes entströmte unter Freudenthränen meinem entlasteten Herzen. Mein Zutrauen war gerechtfertigt; der Herr hatte mich gewürdigt, sein Werkzeug zur Rettung zu sein.

Ich stieg die Treppe hinunter, und Madame N. samt der Magd, welche schon durch den Tumult auf der Treppe herbeigelockt waren, erwarteten mich.

„Gott sei Dank", sagte Madame N., „wir sind einer fast unvermeidlichen Explosion, die bei dem noch immer fortdauernden Sturmwind leicht die halbe Stadt hätte einäschern können, glücklich entgangen."

Wir setzten uns zu einem kleinen Abendessen, doch der Appetit mangelte; mein Blut blieb noch mehrere Tage lang in heftiger Aufwallung.

Ungefähr eine Stunde nachher klingelte es an der Hausthür. Als ich dieselbe mit dem Lichte in der Hand öffnete, stand jener Korporal oder Gefreite, der früherhin auf dem Zimmer, wie ich sehr wohl bemerkt, meine Partei ergriffen hatte, vor mir und grüßte mich mit dem liebevollen Ausdruck: „Brave Vater!" Ich führte ihn ins Zimmer, und hier wiederholte derselbe: „Brave Vater, das viel Courage, auch brave Mudder, nidde Commandant, viel kalt, viel kalt." Er zeigte nach der Straße, woraus wir entnahmen, daß ihnen wohl zu dem Patronenmachen ein sehr kalter Ort angewiesen worden war, daß sie es aber vorgezogen, dieselben in dem warmen Zimmer bei Jubel und Freude zu fabriziren. Er strich mir die Wange und wiederholte: „Brave Vater, nidde Commandant." Ich sollte also nicht, wie ich oben im Zorne gesagt hatte, beim Kommandanten Klage vorbringen. Er bedeutete mir auch durch Zeichen, daß alles vorsichtig aufgehoben. Wie wäre es mir auch möglich gewesen, in der Freude meines Herzens noch zu grollen. Freundlich reichte ich ihm die Hand, welche er fest hielt, während er mir zugleich ungestüm um den Hals fiel, seinen Dank an den Tag zu geben. Nun legte er feierlich drei Finger auf den Mund. Ich that das nämliche und habe redlich Wort gehalten.

J. K(amp, nachmals Kaufmann auf der Zollstraße) in Blätter für Scherz und Ernst. Als Zugabe zur Düsseldorfer Zeitung. Nr. 41, Sonntag, den 21. Mai 1843.

(Mitgeteilt von Herrn C. Guntrum, in dessen Besitz dieses Unterhaltungsblatt zur Düsseldorfer Zeitung sich befindet.)

Zur Düsseldorfer Mundart.

Von Dr. Mied.

Während das schon lange zur Herrschaft gelangte Hochdeutsche oft in geradezu gezierter und gespreizter Weise Wortformen aufgenommen hat, die, trotzdem sie grundfalsch, doch durch den Gebrauch sozusagen geheiligt und nicht mehr zu beseitigen sind, bewegen wir uns auf dem Boden der Dialekte mehr in dem wirklichen und naturwüchsigen Leben und Treiben der Sprache, und somit auch in wissenschaftlicherer Sphäre. Beispiele werden die Sache klar machen.

Wer kennt nicht das Wort „Schwarzkunst"? Wir werden durch dasselbe in die Zeit der geheimnisvollen Alchemie, des Steins der Weisen, und der Buchdruckerkunst versetzt, und insofern erfüllt das Wort ja unzweifelhaft seinen Zweck. Aber so ein Wort hat doch auch seine eigene Geschichte. Aus dem griechischen νεκρομαντεία welches Wort Totenbeschwörung bedeutet, hat das mittelalterliche Latein — aus Unkenntnis oder Oberflächlichkeit — nigromantia gemacht, und das Wort Schwarzkunst war entstanden, und zwar als Unkraut, welches bekanntlich nicht leicht wieder vergeht. Sprachlich berechtigt ist das Wort nur für einen im 17. Jahrhundert erfundenen Zweig der Kupferstecherkunst. — Wenn aber gesagt worden ist, „aus Unkenntnis oder Oberflächlichkeit", so darf zum Beweis hierfür ein Fall nicht unerwähnt bleiben, der manchem von uns aus der Knabenschule vielleicht noch in Erinnerung ist. Es ist das schöne Gedicht „Johann der muntere Seifensieder" von Hagedorn. Es ist die freie Übersetzung der Lafontaine'schen Fabel: Le savetier et le financier; aber leider nur etwas gar zu frei, insofern der

Übersetzer savetier = Schuhflicker mit savonnier = Seifensieder verwechselt hat, und gerade zu Lafontaine's Zeit sollen die Seifensieder in Frankreich recht opulente und keineswegs arme Leute gewesen sein. Aber es ist nichts mehr an der Sache zu ändern.

Ein schön klingendes Wort ist ohne Zweifel die Form „Armbrust". Wir denken unwillkürlich an einen starken Arm, der den Bogen fest an die Brust drückt; aber wir werden auf ganz andere Fährte gebracht, wenn uns nachgewiesen wird, daß das Wort aus arcubalista hergeleitet ist, was eine mittelalterliche Belagerungswurfmaschine bedeutet. Wie spießbürgerlich und echt handwerksmäßig urdeutsch klingt nicht das Wort „Felleisen"! Es ist aber nur eine auf Oberflächlichkeit beruhende Verdeutschung des französischen valise, was auf lateinisch vidulus zurückzuführen ist. Ähnlich ist das französische „fauteuil" aus dem deutschen Klapp- oder Faltstuhl entstanden, wozu wahrscheinlich auch „Feldstuhl" zu rechnen sein wird. Selbst unser behagliche „Schlafrock" ist vor dem Seciermesser der Etymologen nicht mehr sicher; denn wenn wir auch zuweilen darin schlafen, so geschieht das doch nicht immer; es ist eben der Rock, den man bequemer anzieht, als die andern, also in den man mit Leichtigkeit hineinschlupft oder -schlauft, demnach der Schlaufrock,[1]) zu dem unbedingt die Pantoffel gehören, die man hier in Düsseldorf „Schluffen" nennt!

Und somit wären wir denn auf speziell Düsseldorfischem Sprachgebiete angelangt. Die hausbackene Pantoffel- oder Schluffengemütlichkeit finden wir zunächst auch in der Düsseldorfer Grammatik. Die Formenlehre hält unabänderlich fest an der Konstruktion: Ich schmieß Dich der Stein an der Kopp! Die jetzt zahlreichen höheren und niederen Schulen kämpfen noch lange vergebens gegen diesen Fundamentalsatz. Auf syntaktische Erbübel näher einzugehen, würde zu weit führen, das lexikalische Element oder der Wortvorrat soll uns vorwiegend beschäftigen, und zwar soll das Charakteristische ausgewählt werden. H. Heine gebraucht den Ausdruck: „sich räkeln auf den Pfühlen des Glücks". Dieses Wort „räkeln" und das Hauptwort Räkel = Flegel sind echt düsseldorfisch. Sich ungeberdig recken, ist die Grundanschauung. Ein altes Düsseldorfer Sprichwort sagt: „Bengt (bindet) mer ene Bur on ene Räkel op enander on schibbelt se der Berg eraf, bleft immer ene Räkel bove".

---

[1]) Andresen, Deutsche Volksetymologie, S. 91.

Es ist geradezu seltsam, — wenn hier eine kleine Abschweifung gestattet ist, — daß eine große Anzahl deutscher Schimpfwörter mit der Endung „el" versehen ist; wir erwähnen außer dem eben besprochenen Räkel noch die folgenden: Tölpel, Flegel, Lümmel, Bengel, Gimpel, Rüpel, Dämel, Zippel, düsseldorfisch Stippel, auch Esel und Janhagel für Pöbel. Ausschließlich Weiberschimpfnamen sind: Vettel und düsseldorfisch Orschel und Orgel. Selbst eine Anzahl abstrakter Begriffe von annähernd ähnlicher Bedeutung folgen demselben Gebrauche, wie: Schwindel, Klüngel, Trubel, Dusel, Krempel, Kurmel, Rappel, Rummel, Tröbel, Tamel. So scheint diese Endung „el" mit Vorliebe zur Bezeichnung des Schwankenden, Unsicheren und Lächerlichen herangezogen zu werden, so daß Grund vorhanden ist, an die süddeutsche Verkleinerungssilbe in Bübel, Kindel und dergl. zu denken, die das unreife und kindische Wesen hervorheben soll. Selbst in zusammengesetzten Wörtern sucht sie zur Geltung zu kommen, wenn dieselben eine Bedeutung obiger Art enthalten. So ist in den beiden Wörtern „Kümmeltürke" und „Kümmelblättchen" das Stammwort „Kümmel" ganz verschieden zu erklären. Der Kümmeltürke ist eine Schöpfung des Berliner Volkswitzes. Vor etwa 30 Jahren lebte in Berlin Chiamul Pascha als Gesandter des türkischen Hofes. Der Satzungen seines religiösen Bekenntnisses nicht mehr gedenkend, hegte er große Zuneigung zum Genusse geistiger Getränke und namentlich des Lebenswassers. Im Berliner Volksmunde wurde Chiamul scherzweise in Kümmel umgewandelt, und der „Kümmeltürke" war fertig! — Unter „Kümmelblättchen" versteht man bekanntlich jenes Hazardspiel der modernen Bauernfänger, welches in der geschickten Durcheinanderwerfung von drei Karten besteht. Der dritte Buchstabe des hebräischen Alphabets, Gimel, der auch allgemein die Dreizahl bezeichnet,[1]) hat ursprünglich das Wort „Gimelblättchen" hervorgerufen, welches, weil nicht allgemein verstanden, in „Kümmelblättchen" verballhornisiert wurde. Dieses Wort ist also der Gaunersprache oder dem sog. Rotwälschen entnommen, und wir dürfen nicht vergessen, daß in unsern Mundarten reichliche Bestandteile daraus sich leicht nachweisen lassen. Wir erwähnen beispielsweise das Wort „Baas", welches hier in Düsseldorf sehr gebräuchlich ist. Es heißt der Wirt, Hauswirt oder Meister, anderwärts in der Form „Boos"

---

[1]) Andresen, Deutsche Volksetymologie, S. 95.

und „Vofer" vorhanden. Es ist auf hebräisch bajis = Haus zurückzuführen. Hieran sei, weil scheinbar mit dem vorhergehenden zusammenhängend angereiht das Düsseldorfer Wort „Vaselünke". Es bezeichnet aber einen ganz kurzen Arbeiterkittel und ist das französische baiser le cul, weil der Kittel den Körper bedeckt bis zu der Stelle, wo nach Heine der Rücken aufhört. Ähnlich nennt man in Bonn einen charakterlosen Menschen einen „Vaselemanes", von baiser la main, einen, der jedem die Hand küßt. — Da wir einmal das französische Gebiet berührt haben, so möge hier ein Wort folgen, welches nur mehr ganz alten Leuten bekannt sein kann. Es ist das Wort „Loberäns", womit man wohlriechendes Wasser, wie jetzt kölnisches Wasser, bezeichnete! Unzweifelhaft ist es l'eau de Rheims, welches zur französischen Zeit hier bekannt wurde. Daß ein solches Wasser existiert hat, beweist mir eine Stelle in Jean Paul's Dr. Katzenberger, wo es heißt: „. . . er gab ihm, ohne alle Rheims-Fläschchen, so viele Salbung, bis er sein Gewicht hatte"

Der französischen Zeit gehört auch das Schimpfwort Cartouche an (raffinierter Mensch). Jedenfalls ist dies der Eigenname des berüchtigten Räubers, der im vorigen Jahrhundert in Frankreich, namentlich in und um Paris sein Unwesen trieb. Es würde also unserm deutschen Schinderhannes entsprechen. — Unter „Gampetaasch" verstand man eine nachlässige Frauensperson. Der französische harlequin Jean Potage wird wohl den Ausgang bilden. —

Auch das Spanische hat im Düsseldorfer Dialekt Wurzel gefaßt. Da haben wir zunächst die „Schötzenieren", ein Wort, welches eine Verdeutschung des spanischen scozzo nera = cortex niger, Schwarzwurzeln ist; dann „fukatig" = ganz mürbe und weich, von Birnen und andern Obstsorten gebraucht. Es ist zurückzuführen auf focus Heerd, woraus spanisch fucaccia = Kuchen, auf dem Heerd Gebackenes, entstanden ist.[1])

Echt deutsch dagegen ist der Ausdruck „Gloch"-Lärm machen. Gloch heißt Zeche, ist uralt, wie das Zechen der Germanen, und ist, wie Vilmar[2]) sagt, vom Hochdeutschen in „Gelage" verunstaltet. „Sich durch die Cord machen" = durchbrennen, entwischen, deutet auf den alten Gebrauch hin, die Gerichtsstätte unter freiem Himmel

---

[1]) Fr. Diez, Etym. Wört. I, S. 184 u. 373.
[2]) Vilmar, Handb. f. Freunde d. deutsch. Volkslied., S. 75.

mit an Haselstäben befestigter Schnur zu umziehen, deren Bering niemand ungestraft verlassen durfte. „Donnerbesem" bezeichnet ein freches Weib. Dies Wort erinnert sofort an den Blocksberg.

Unter „Näuräbchen" versteht man einen Knauser, „när" ist wahrscheinlich genau, die Endung mag das deutsche „ert" französisch und englisch ard sein, die alle eine schlimme Bedeutung bezeichnen. Zur Bezeichnung des Höhen= oder Hairauchs gebrauchte man den Ausdruck „Rupenebel"; was der erste Teil enthält, ist wohl nicht leicht festzustellen. Im Italienischen giebt es allerdings ein roffia mit der Bedeutung „dicker Nebel". Unter „Ramenas" versteht man schwarze Rettige. Auch hier steht zur Erklärung wieder nur ein romanisches Wort rafano zu Gebote. „Sich frasseln" heißt sich hauen, balgen. In der Gegend von Adenau in der Eifel sagt man „sich fracken". Zur Erklärung bietet sich nur ein zweifelhaftes mhd. Substantiv vrast. Ein Höferweib nennt man eine „alte Tud", ahd. tocha heißt Puppe. Auch ist „Totte" Spitzname für Nonnen und Betschwestern. Dies wird dasselbe Wort sein, da Kehl= und Zahnlaute häufig wechseln. — „Quint" nennt man eine Frauensperson, der irgend eine Verkehrtheit des Charakters zugleich mit einem körperlichen Gebrechen zum Vorwurf gemacht wird, z. B. scheele Quint. Wahrscheinlich ist auch dieses Wort den romanischen Sprachen entnommen, wo es die Bedeutung der männ= lichen Figur mit dem Schilde hat, den bei Übungen der heran= sprengende Reiter mit der Lanze zu treffen sucht. — „Zöhlig" heißt trendelhaft — dies Wort wird von Zagel = Schweif gebildet sein. Genau so ist das italienische codardo von cauda herzuleiten. Die Bedeutung „feige" stimmt ja fast mit „trendelhaft" überein. Man denkt an Solche, die sich hinten halten, sich nicht hervorwagen, oder was vielleicht der Naturanschauung mehr entspricht, man ver= gleicht sie mit dem gescheuchten und feigen Hund, der den Schweif einzieht.[1]) „Klüchtig" nennt man eine seltsame, unergründliche Per= son. An „klug" darf man wohl weniger denken als an „Kluft". Unter „schichtig" versteht man klug, schlau, raffiniert. Auch hier bewegen wir uns auf deutschem Boden. Es hängt das Wort mit „Schicht" und „geschickt" zusammen, die auf eine Wurzel zurück= zuführen sind. Wodurch aber „frimpen" = den Mund verziehen vor Anstrengung oder Nachdenken, zu erklären sein soll, wird schwer

---

[1]) Diez, Et. W. I, S. 132.

zu finden sein. „Jimp" heißt ein brennender Span oder Jibibus, „jimpen" = brennen; aber auch von der Kälte gesagt, es friert, daß es jimpt, etwa pfeift. Auch dies Wort bedarf noch der Erklärung. Daß das Adverb „häll" in der Bedeutung „schnell" vorkommt, zeigen uns auch andere Mundarten. Unerklärt wird vorderhand auch noch bleiben „liden gehen" = sterben, ahd. lidon heißt nach Wackernagel allerdings „den Weg nehmen", weggehen, vergehen. Unter „Nest", gewöhnlich kleines Nest versteht man ein naseweises Kind, besonders oder ausschließlich Mädchen. Hier ist der Umfang für den Inhalt gesetzt; denn man denkt an die Brut, die noch nicht „flügge" geworden ist. Daß die Sprachen in der Bedeutungsentwicklung diesen Weg nicht scheuen, beweisen Beispiele genug, u. a. fromage von forma = Form, geflochtenes Gefäß.

„Hürcklepper" ist ein Mietgaul. Das englische to hire mieten ist heranzuziehen, Klepper ist möglicherweise auf das Schellengerassel zurückzuführen. „Schanzenläufer" ist ein Mantel mit lang herabfallendem Rundkragen und Silberkrampen, wie man ihn kaum mehr sieht. Der Ursprung des Wortes ist wohl nicht leicht festzustellen. Ist es vielleicht ein früherer Militärmantel? Bei Jean Paul heißt er an einer Stelle „Schanzlooper".

„Ampern" heißt hier in Düsseldorf soviel als „säuerlich riechen" oder schmecken. Das Wort heißt im Nordischen ebenso, und so wäre „Sauerampfer" ein Beispiel volkstümlicher Tautologie, wie wir deren viele haben, z. B. Feuersbrunst, Diebstahl, Tragbahre, Lindwurm u. a. Ein ganz altes Wort ist „verquenen" = verkommen. Es ist schon im Gotischen vorhanden in der Form „fraqiman". Auf dem Lande hier in der Umgegend sagt man: „Zau Dich!" = Beeile Dich! Damit hängt zusammen „zaubern", soviel als schnell, für's Zuschauerauge unbeobachtet handeln.

Wenn der Düsseldorfer Junge sein „Tummeleit" = Purzelbaum schlägt, so bewegt er sich auf echt niederrheinischem Boden. Die beiden Bestandteile des Wortes sind das englische to tumble = stürzen und head = Kopf.

Es bleiben mir von der getroffenen Auswahl nun noch zwei Formen übrig, die nicht ausschließlich düsseldorfisch, doch am Niederrhein sehr verbreitet sind. Die eine ist das Wort „Fisematentchen". Die Kölner Zeitung hat vor mehreren Jahren die Frage nach dem Ursprunge des Wortes aufgeworfen und verschiedene Erklärungen gebracht. Die Sache wurde endgiltig entschieden durch die Beantwortung des Rektors Dr. Höffling in Dülken. Er leitet das Wort her von dem juristisch lateinischen visum authenticum, mit welchem zur Zeit geradezu Unfug bis zur Lächerlichkeit getrieben wurde, so daß es infolgedessen ein Spottwort geworden ist. Das Wort „vidimieren", welches dieselbe ursprüngliche Bedeutung hat, ist vom Spott verschont geblieben, und wird heute noch in derselben gebraucht. — Bezeichnungen der Verlegenheit, wie die beiden dem Französischen entnommenen Wörter „Credouille" und „Schlamassen" sind ebenfalls auf das Lateinische zurückzuführen, das eine auf „perduellionem", das andere auf „exclamare".

Die zweite am Niederrhein sehr übliche Form ist „blümerant" = schwindelig, ohnmächtig. Zur Erklärung hat man meist „bleu mourant" = absterbendes oder mattes Blau herangezogen mit Anlehnung an die Auffassung: Es wird mir blau vor den Augen. „Bleu mourant" ist allerdings richtig, wenn auch im Französischen nicht mehr gebräuchlich; aber es tritt hier eine Erscheinung zu Tage, die in den romanischen und auch anderen Sprachen allgemein vertreten ist. Um den Namen Gottes nicht vergeblich zu führen, läßt man absichtliche Entstellung der Namensform eintreten. Wie wir im Deutschen aus „Gottes Element" „Potz Element" u. s. w. bilden, so entstellen die Franzosen „par Dieu" in „parbleu". Setzen wir nun anstatt des obigen „bleu mourant" „Dieu mourant", so haben wir den sterbenden Heiland am Kreuze, also die Leichenfarbe.[1] — Und hiermit beschließen wir für diesmal unsre Aufzählung, die uns eine Reihe fremdsprachlicher Wortbestandteile als zu einer deutschen Mundart gehörend gekennzeichnet hat. Wir haben durch Besprechung derselben einen Blick in die Zeit zurückgeworfen, in der unser deutsches Vaterland schmachvoll unter welschem Joche dulden mußte. Das ist heute anders geworden. Mit einem Gefühle des Bedauerns und der Pietät gedenken wir unserer geknechteten Vorfahren, und mit Rüstigkeit haben wir bereits den Kampf gegen das Fremdsprachliche in unsrer Muttersprache begonnen, dessen Erfolge schon jetzt geradezu glänzende genannt zu werden verdienen.

---

[1] Mörs, Progr. d. höh. Bürgersch. z. Bonn 1884, S. 13.